復活力

サンドウィッチマン

幻冬舎文庫

AKUTEN
10

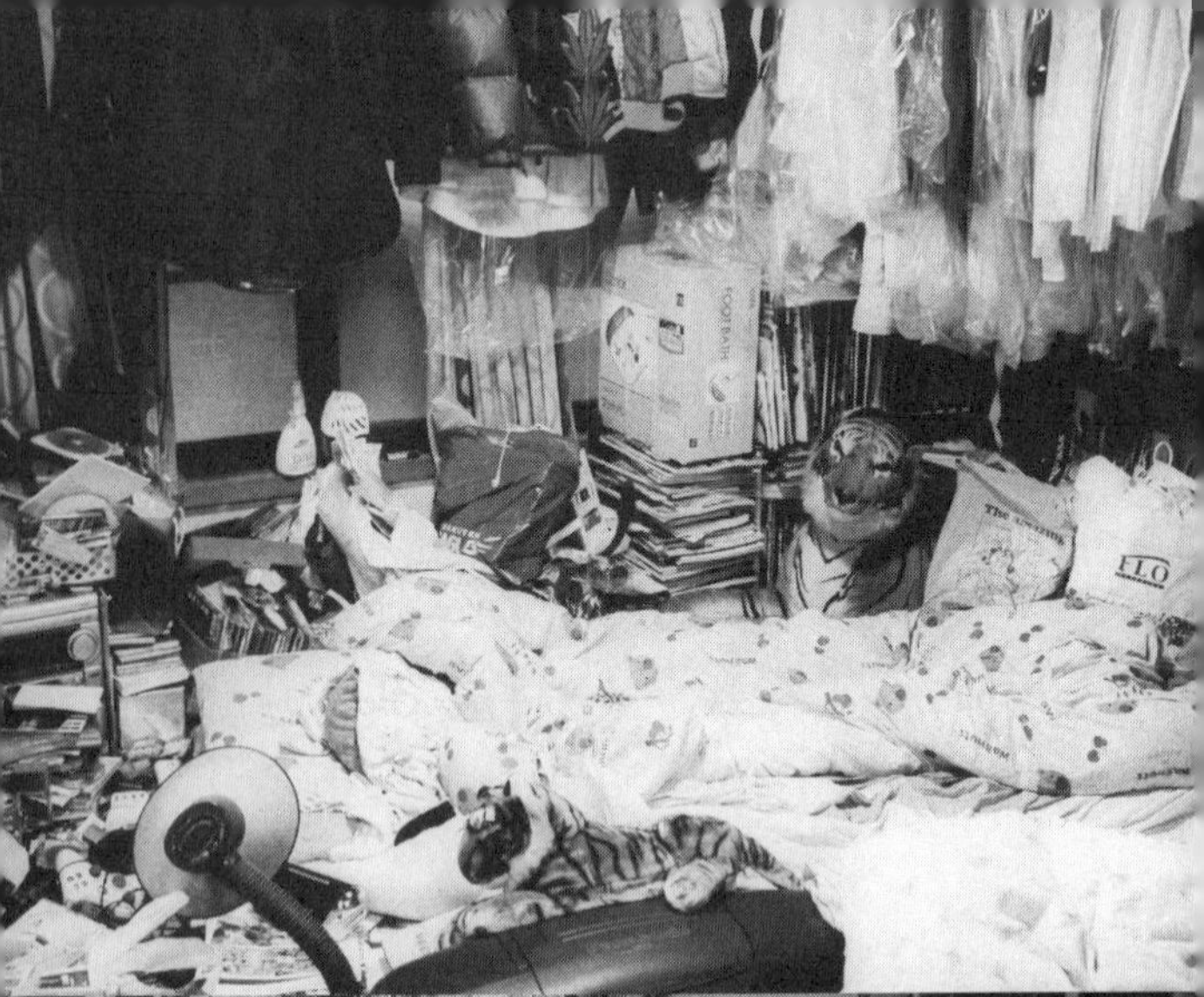

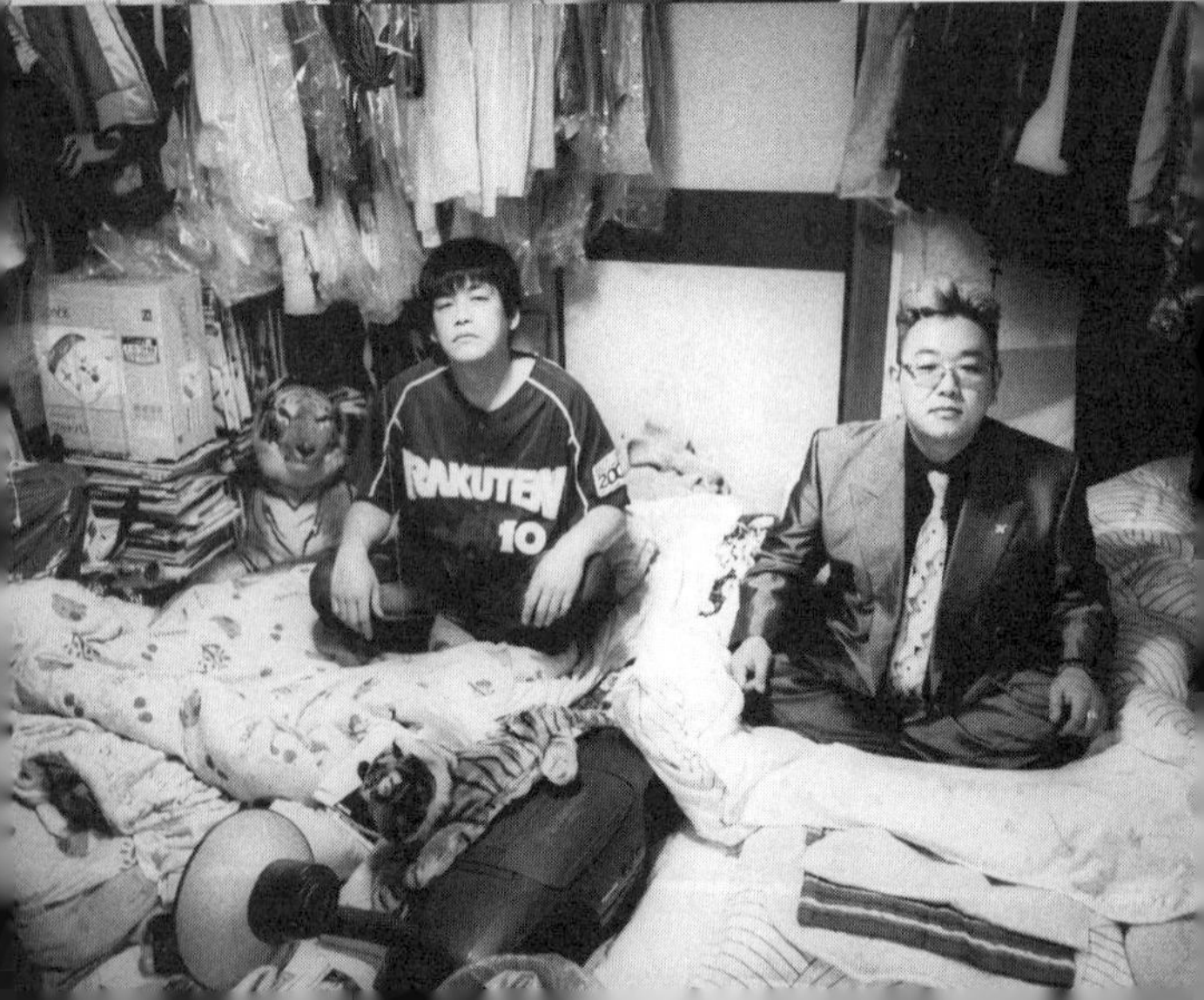
RAKUTEN
10

復活力

プロローグ
敗者って何だ？

２００７年12月23日。天気予報では東京は一日、雨だった。
けれど雨は明け方に上がり、午後から空は晴れ渡っていた。
誰も予想できない、奇跡の起きる予兆だったのだろうか——。

僕ら『サンドウィッチマン』は、『Ｍ－１グランプリ２００７』の準決勝に残っていた。３年連続で準決勝まで残ってきたけど、天気のいい準決勝のステージは、初めてだった気がする。

会場である大井競馬場は肌寒かった。でも空気は清々《すがすが》しかった。
予選出場４２３９組の中から選び抜かれた57組が、決勝に上がることのできるただひとつの〝敗者復活〟枠をかけて、ネタを繰り広げた。ゲラゲラ笑わされるコンビもいたし、こいつらには負ける気がしねえなってコンビもいた。

大井競馬場から出ていく、敗者復活組は誰だろう？

出番を終えたときに、そう他人事《ひとごと》のようにぼんやり考えていた。

午後6時30分ぴったり。テレビ朝日で、決勝の本番生放送が始まった。そのとき、僕ら準決勝の出場者は、大井競馬場のステージ上で、放送をモニターで見ていた。風はなかったけど、夜になると屋外はかなり冷え込んできていた。

審査員は島田紳助さん、松本人志さんはじめ、誰もが認める笑いのキングたちだ。ブラウン管の中の、雲の上の人たちだ。

こんな大物ぞろいの前で漫才を見せなくちゃいけないなんて。決勝進出コンビは全員、相当なプレッシャーだろうなぁ……と、視聴者とたいして変わらない感覚で放送を見ていた。

決勝戦がスタートする。トップバッターの『笑い飯』、2番手の『POISON GIRL BAND』が、緊張の空気のなかでも、さすがのネタを披露する。

2組が終わった時点で、司会の今田耕司さんのもとに、敗者復活コンビの名が知らされる。どこのコンビだ？　と決勝戦の会場と大井競馬場の両方が、期待と不安でいっぱいになる。

そのとき。僕らはすっかり仕事気分をオフにして、腹へったなぁ、家に帰ってから何しようか——などと呑気《のんき》に構えていた。

コンビのナンバーを、確認した今田さんが一瞬、ハッと驚いたような顔をした。

そして、はっきりとコンビ名を呼んだ。

「4201番!!　サンドウィッチマンーーーーー!!」

その後のことは、ちゃんと記憶にない。

ワーッと興奮が押し寄せて、クールダウンする間もなく、何が何だかわからないまま連れて行かれて、必死で漫才をやった。

気づいたら、

「優勝はサンドウィッチマンーーーーー!!」

のコールを受けて、さっきの大物審査員みなさんの拍手と、前が見えないほどの紙吹雪《かみふぶき》を、ふたりで全身に浴びていた。


あの日の後。数えきれないほど、いろんな人から聞かれた質問がある。

「自分たちが選ばれると思っていたか?」

「ファイナル3組にも勝ちあがって、優勝できると考えていた?」

どっちの質問にも、答えは同じ。

まさか。

僕らがM‐1のチャンピオンなんて。

イメージできるわけがない。

伊達みきお、富澤たけし。ふたりとも、吉本興業の劇場が1年半で撤退した「笑いの不毛の地」と呼ばれる仙台で育った。

高校のラグビー部で出会って、1998年、コンビを結成した。

そのとき、もう24歳。吉本のNSCのような、専門の養成所で笑いを学んだことはない。人脈やツテはゼロ。仙台駅ビルでのデビューの舞台では、血の気が引くほどドンズベりした。ハンデだらけのまま、ふたりで上京した。

板橋区にある6万8000円のアパートを借りて、一緒に暮らし始めた。「売れたらいつか、別々に部屋を借りよう」と言ってはみたけど、10年近く、売れる兆しはまったくなかった。部屋にはふたりの鬱憤《うっぷん》を象徴するように、ゴミの山がうずたかく積もっていった。

大手事務所に預かりで所属が決まったけど、上の方針と合わなくて、すぐ辞めた。漫才テープをつくって芸能プロダクションに送っても、まったく相手にされなかった。笑いの模索の中でメンバーをひとり加え、トリオを組んで、失敗した。

営業に呼ばれても、客が誰もサンドウィッチマンを知らない。笑い声も拍手もゼロの舞台なんて、珍しくなかった。

一緒にライブをやっていた芸人や、後輩コンビが、次々に売れていった。ただ唇を噛《か》んで、背中を見送るだけだった。

芸人としての年収は、ずっと数万円だった。

結婚したいと思っていた彼女と別れた。

パチンコにはまった。

借金もあった。

富澤が自殺しそうなときがあった。

解散の危機もあった。

あっという間に、コンビ結成から9年が経《た》った。年齢は33歳。

漫才コンテストの受賞歴もない。レギュラー番組もない。若くもない。ルックスは決して良くないし、テレビでの知名度はほとんどゼロ。芸人として胸を張れる実績は、何もなかった。

サンドウィッチマンは、お笑い芸人の敗者だ、と2007年のあの日以前に、そう呼ばれても、何ひとつ言い返せなかっただろう。

そんな僕らが、漫才で日本一になって、たった一夜で有名コンビになれるなんて——予想できるわけがないだろ？

「なぜチャンピオンになれたと思いますか？」

これも、数えきれないほど聞かれた質問だ。

そんなの、わからない。

奇跡の優勝。現代に蘇《よみがえ》った一発逆転劇。大手事務所に勝利した、無名芸人のヒーロー。いろんな言われ方をするけど、どれもピンとこない。正直、戸惑いの方が大きい。

それに今は、分析する時間も、まったくない。忙しくさせてもらっていること自体は、本当にありがたいことだ。

もし、考える時間があっても、サンドウィッチマンが優勝できた理由は、一生わからないんじゃないか。

だけど。これだけは言える。

準決勝に残った日。

僕らが見上げていた場所は、いちばん高い、てっぺんの舞台だった。9組しか立つことを許されない、広くて、まぶしい、マイクがただ1本立っている、M‐1グランプリ決勝のあの舞台。

一度は敗者になったけれど、決勝進出を、あきらめていたわけじゃなかった。

そして。

決勝戦のステージに立たせてもらえたなら。

僕らは、負けない自信はあった——。

勝者って何だろう？

敗者って何だろう？

テレビに出て有名になって稼ぎのある芸人が勝者で、その反対が敗者なのか？　正しいような気もするけど、違和感もある。そもそも勝った負けたで単純に分けられる世界じゃないはずだ。

Ｍ－１チャンピオンになる前の僕らを、敗者だと言いたい奴には、言わせておこう。

名もなく、稼ぎもない年月を過ごしてきた僕らは、わかっている。敗者とは、勝者になれるチャンスを手にしている者のことだ。そのチャンスは、賞金１０００万円ぐらいの金じゃ、代えられない。

敗者って、いいもんじゃないか。

そこに気づくまで、僕らは10年近くかかってしまった。

本当に長かったけど。24歳での初舞台から今日やった仕事まで、全部必要な遠回りだったんだ。

M－1で優勝できた理由は、わからなくていい。
もし無名コンビに戻って、テレビの世界から忘れられても、やり直せばいい。
——そう思える今こそ、本当に〝敗者復活を遂げた瞬間〟なんじゃないかと思う。

目次

伊達少年、富澤少年。

伊達みきお

僕は、野球少年時代からトラウマを抱えてきた

１９７４年の9月、僕は仙台で生まれた。

後に芸人になって東京に出るまで、何度か仙台を離れたけど、今でも故郷は仙台だと思っている。うちの家系は、だいたいが仙台人。母校はそれぞれ違うけど、みんな仙台で暮らしてきた。ちなみに、もう何年も前に、僕が「伊達政宗」の末裔《まつえい》だってことで、『笑っていいとも！』のクイズコーナーに出たことがあるんだけど、末裔っていっても、じつは、枝の先のまた先くらい……??

親父は転勤族のサラリーマンだった。小さい頃は社宅を転々としていて、幼稚園から小学校2年までは、宮城県石巻市で暮らした。

3年生から5年生までは大阪に移り住んだ。3年ぐらいだったけど、大阪暮らしは楽しかった。お笑いを好きになったのが、この時期の影響かどうかはわからない。でも、このとき、引っ越して1週間で、ばりばりの大阪弁になっていた。当時から、どこにいてもすぐ友だち

ができるタイプだったから、ほとんど毎日、クラスの誰かと遊んでいた。

ちなみに、僕は、ファミコンのど真ん中世代。でも、テレビゲームはあんまり好きじゃなかった。なぜなら、親父がゲーム機を買ってくれなかったから。そんなもので遊ぶぐらいなら外へ行け！　っていう教育方針で育った。別に抵抗はなかった。実際、ゲームより、身体《からだ》をつかって遊ぶ方が楽しいと思ってた。

友だちの家に行くと、みんなはファミコンで遊んでる。だけど僕ひとりは、画面を見ているだけでコントローラーには触りもしなかった。「ゲームなんかやるもんか！」って、小さい意地があったのかもしれない。

だけどやっぱり子どもだから、人並みにゲーム機がだんだん欲しくなって。弟と一緒に親父にねだって、なんとか1台だけゲーム機を買ってもらった。それが、SEGAから出てたオセロ専用のゲーム機だった。「ファミコン」というメジャーなゲーム機があるのに、親父は何でわざわざそんなの買ってきたんだろう？　親父にツッこむわけにもいかないし、弟とずーっと黙って、オセロをやって遊んでたな。正直、つまんなかった。だけどそのお蔭で、いまでもオセロだけは、誰と対戦しても強い。

弟はふたつ年下で、歳《とし》の近い兄弟にしては、珍しいって言われるほど、仲が良かった。小学校の休み時間になると、あいつは、友だちじゃなくて兄貴の僕と遊びたがるほど。

僕は、典型的なアウトドア派の男の子で、家の中で遊ぶのは基本的に嫌い。走り回って、泥んこになるのが好きだった。

大阪から仙台に戻ると、僕は野球のリトルリーグに入った。

弟が練習の見学に行って、そのまま入団しちゃったので、そんなにいいチームなのか？と、母親と一緒に見学に行ったら、僕もそのまま入れられてしまっていた。野球は好きだったから、まあいいか。

ポジションは、キャッチャー。体型で！　半強制的に！

リトルリーグは、毎日練習があって厳しかった。でも友だちがいっぱいできたのが嬉しくてちゃんと練習に行ってた。身体はキツかったけど、球を追いかける毎日は、充実してた。

中学に上がると、部活は野球部を選んだ。そこでも毎日、練習に明け暮れてた。でも、うちの中学は残念なことにそんなに強いチームじゃなくて、華々しい成績とは無縁だった。僕のポジションは、リトルリーグ時代から引き続き、キャッチャー。

実は、いまでも強烈に覚えてる試合がある。

中学最後の、総体選手権。

僕のパスボールで、敵ランナーがホームに戻って得点。それでチームが負けちゃった……。

僕は、ズルくて、その場をピッチャーのせいにしちゃったんだよね。**でも本当は、自分のせ**

いだってことが、よくわかってた。あの試合での悔しさと、チームメイトへの申し訳なさは、いまでも強烈に身体に残ってて、正直トラウマになってる。

お笑い芸人になってから、若手の芸人と一緒に草野球チーム『鮫島野球塾』を結成した。アミー・パークの野球チーム『パークス』と合併して、いまは『鮫島パークス』になっている。うちのエースピッチャーは、アミー・パークの『U字工事』益子卓郎。他の芸人チームと定期的に試合をやっているんだけど、これがすごく楽しい。僕はお笑いが好きで、ずっとやっていきたいと思ってるけど、野球も違う感覚で好きだ。

ちなみに、『鮫島パークス』でも、僕は変わらず、キャッチャーのポジションを守っている。実は、今でも、ランナーがサードにいると変にドキドキするんだ。もし卓郎の球を逸《そ》らしたら、あの中学総体の試合みたいに、敵に点を入れられてしまうって……。

この緊張感というか、怖い気持ちは、一生なくならないだろうな。

幼いときの記憶って、変に残るもの。野球っていう、チームワークのスポーツを通して、**自分のしたことがチーム全体の勝敗を決めることがあるっていう感覚が、僕の中に強く植えつけられた。**

僕は今、富澤とやってるサンドウィッチマンっていうコンビをすごく大事にしている。だから、相方をこうして大事にするのは当たり前だと思っているのだけど、もしかしたら、この野球のときの記憶が、そうさせてるのかもしれない。

富澤たけし

覚えていたはずの昔の記憶がどんどん消えてゆく

僕が生まれたのは１９７４年の４月。

場所は仙台じゃなくて、東京だった。

親父は群馬の生まれだったかな。うちの親はあんまり、出生地とか子どもの時の話をしない。最近になって、そうだったの？　と、驚くような話もいっぱいある。母親は「聞かれないから話さないだけ」って言うんだけど、もとになる話を知らなかったら、何も聞きようがないだろうって……。つまりは、父親も母親も、自分のことを話したがらないタイプなんだ。そういう親だから、うちはよそと比べると、だいぶクールな家族だったと思う。

高校時代に伊達と出会って、伊達の家にも遊びに行ったりもしたけど、こいつは親と仲いいんだなあ、って思ってた。

僕は生まれつき、右目が開かない病気にかかっていた。

生まれて半年後に手術して、瞼《まぶた》はなんとか開くようになったけど、実はいまでも完治してない。右目だけ、文字が読めないぐらい視力は悪い。本当は専用のメガネをしなくちゃいけないのだけど、それも面倒なので放っておいてる。子ども時代は左目にアイパッチをして、右目の視力を上げるトレーニングをやったりしたが、これもあきらめた。小さいときの視力検査では、検査用の記号を覚えて、読んだ。周りは「治ってる！」って喜んでたけど、あれは治療とかもう面倒くさいから、視力が上がったフリをしただけなんだ。

東京暮らしの後は、親父の仕事の関係で名古屋、新潟と転勤で引っ越しを繰り返した。もちろん、何度も転校した。仲よくなった友だちと離れることが悲しいとは特に思わなかった。別に、一生会えなくなるわけじゃないし。**自分の意思に関係なく環境が変わってしまうことに、特に心が動かない子どもだった。**

仙台に落ち着いたのは、小学4年のとき。

小学校時代の僕は、あんまり外で遊ぶのが好きじゃなかった。親に「自由ノート」を買ってもらって……「じゆうちょう」っていうんだっけ、表紙に大きく「じゆうちょう」って書いてあるけど、開くとただの白いノート……、それに、家で黙々とアニメのキャラクターを描いてばかりいた。親からは、手のかからない子どもだと思われていたようだ。

実家に小さいときの写真が残っているけど、自分自身の記憶は曖昧《あいまい》。写真を見ながら記憶をつくり込んじゃってる感じで、自分の本当の体験は、どんどん忘れていってしまってる気がする。

他の人はどうだか知らないけど、**僕は大きくなるにつれて、覚えていたはずの昔の記憶が、次々に消えていってしまってるんだ。**

高校時代なんて、部活の思い出は何とか残ってるけど、授業時間や休み時間の記憶は、ほとんどない。

あえて忘れるようにしてるわけじゃないんだけど……。

後に、母校の仙台商業が移転したり、バイトしていたピザ屋が潰《つぶ》れたり、僕が過ごした場所や時間がなくなっていくのを目《ま》の当たりにして、**「いろんなことが、いつか消えてくもんなんだなぁ」……と、寂しく思うようになった。**

まあ、そんな経験が影響しているのかしていないのか、結果的に、今の僕は、昔のことにこだわらないで、淡々と前に進める思考回路になったわけだ。

富澤たけし

笑いに目覚めたり、兄貴をボコボコにしたくて身体を鍛えたり

初めて〝笑い〟に目覚めたのは、小学5年の頃だった。YMOが、三宅裕司さんの主宰する劇団SETとコラボレーションしたアルバム『サーヴィス』を、どこかで手に入れてテープで聞いたんだ。

衝撃だった。なんだこれ!? ってびっくりした。

セリフの掛け合いと音楽の使い方で、こんなに笑えるドラマがつくれるんだって。〝間〟とか、芝居のつくり方とか、今聞いても唸《うな》るほどの完成度だ。

しかも、しゃべくり漫才が全盛の時代に、『サーヴィス』は、今で言う「引き芸」だった。ダウンタウンさんが世に出る前としては、革新的な音源だったと思う。

僕にとって、最初の〝お笑い〟の刷りこみがそれだから、関西弁でガーッと押してくるスピーディな漫才を聞いても、ピンとこなかった。僕が面白い！　って引っかかるのは、ネタをしっかり聞かせる、間とテンポのある笑い。

今になって思うと、**サンドウィッチマンをつくるだいぶ前、すでに小学生の頃に、僕の笑いの感性は決まっていたのかもしれない。**

その流れで、当たり前のように『スネークマンショー』にハマる。何度も何度も繰り返して聞いた。僕らの世代って、あの作品の影響を、切り離せないと思う。

小学校時代は、ファミコンでよく遊んでいた。伊達は、今でもゲームしないし、子どものときもあまりゲームをやらなかったらしいけどね。

ハマったのは『マリオブラザーズ』の時代から。もっぱら対戦相手は3歳上の兄貴。その兄貴と仲が良かったかと言われると、ちょっと微妙……。親父がよく怒る人で、何でもないことで、兄貴をしょっちゅう叱りつけていた。すると兄貴は、弟の僕がダメなせいで怒られてるんだって、親父に叱られたイライラを、全部僕にぶつけてきたんだ。小さいときの3歳差って大きいから、抵抗もできなくて、よく殴られた。それで少し、兄貴への思いが歪《ゆが》んでしまって、いつかこいつをぶっ倒してやる！　という一心で、柔道やラグビーを始めた。

僕が小学6年のとき。兄貴は中学3年。何が理由だったかよくわかんないけど、ぶん殴られた。痛くて痛くて……ぶっ殺してやる！　って頭にきた。あれが兄貴への反発心のピークだった。

そんなきっかけで始めた柔道は、中学の3年間、続けていた。自分で言うのも何だけど、柔道のセンスはあったと思う。試合では、そんなに稽古してなくても、よく勝っていたし。だけど、もともと兄貴をぶっ倒したくて始めた部活だから、ケンカで勝った時点で、そんなに情熱がなくなった。一緒に入部した仲間は黒帯まで昇段したけど、僕はそこまで頑張れなかった。ちゃんとやってたら、けっこう上の段位までいってたかもしれない。

中学時代は、友だちは4人ぐらい。かなり少ない方かもね。

小学校のときはまあまあ愛想よくて、大勢友だちはいたんだけど、いつしか性格が社交的じゃなくなっていた。気づいたら、こんな状態。もともと人好きじゃないらしく、別に寂しくはなかった。変な話かもしれないけど、伊達と暮らしていたときでも、ふたり一緒に出掛けずに、別々に出て、それぞれ仕事場に向かうことも多かった。一緒に暮らしてるのにね。

小さな仲間内での遊びは、かなりマニアックだった。

ラジオのＤＪの真似して、録音して遊んだり。また、ビデオが普及したぐらいの頃で、いろんな映像をサンプリングする遊びもやった。今でいうＶＪのはしりみたいな。けっこう面白い作品ができた。田舎の中学生にしては、頑張った遊びだと思う。わかる人にはゲラゲラ笑えるものも、あの頃にいっぱいつくっていた。

恥ずかしいんだけど、詩も書いていた。少し前、ある番組で地元のロケをやったとき、当時の友だちが持ってきてくれた。

すごい恥ずかしかったけど、それより、そんなものよく捨てずに持ってたな！　と驚いた。
タイトルは『ザリガニ』。

おいらはザリガニ　孤独なザリガニ
兄弟たくさん　顔もおんなじ
おいらが死んでも葬式は出ない
なぜ？　って
おいらは孤独なザリガニ
大きいハサミで河川の王様
びっくりしたなら腰からにげるよ　脱皮を重ねて大人になれるよ
なぜ？　って
おいらは孤独なザリガニ

今読むと、顔から火が出そうだ。テーマにザリガニを選ぶセンスがわからない。
でも、ちょっと冷静になると、そんなに出来の悪い詩じゃないね。
言葉の選び方とか、結構いいじゃないか。やるなあ、富澤少年。

出会った。

伊達みきお

タイミングによっては、富澤とは出会わなかった

高校受験では、最初から仙台商業高校を志望していた。というか、そこしか行ける学校がなかったんだけど。

勉強は大嫌いで、全然できなかった。小学6年生から塾に通ってはいたけど、成績はちっとも上がらない。親父からも、お婆ちゃんからも、ずーっと「みきお、勉強しなさい！」って叱られていた。

仙台商業高校でも、僕は野球部に入ろうと思っていた。

当時の仙台商業の野球部は、けっこう強いチームだった。ユニフォームがまたカッコよくてね。なんだか、僕、野球帽のマークとかユニフォームとかに弱いみたい。

そんなわけで、絶対入部するつもりだったんだけど……、仮入部の日のこと。

その日、野球部員は、練習試合に負けた罰で、全員、部室にあるバットの本数分、グラウンドをぐるぐる走らされていた。バットは百何本あったから、とんでもない距離だよ。こん

なつらい練習を毎日やらされるなんて、冗談じゃない！ って思ったら、急に入部するのが嫌になった。それでふとグラウンドの別のところを見たら、人数も少なくて、だらだらした雰囲気をぷんぷん出してたのが、ラグビー部だったんだ。

そこで僕は、富澤と初めて出会う。

もしあのとき、野球部が罰トレーニングじゃなく、普通の練習をやっていたら、きっと野球を続けてたんじゃないか。そうしたら富澤と知り合うことはなかっただろう。どんな縁があったのかわからないけど、とにかく僕は、野球部から速攻で方向転換し、ラグビー部に入ることを決めた。

そして、ラグビー部の仮入部の日。

同じ1年生だった富澤の隣に立った。

これが、富澤に会った、最初の瞬間だ。

同じクラスじゃないし、まったくの初対面だった。ちなみに僕と富澤は、高校の3年間で一度もクラスメートになったことはない。

第一印象は、僕と似たような体型の男が1年生にいるなぁということ。

そしたら、あいつがいきなり肩を組んできて、

「なあ、スパイクを一緒に買いに行こうよ」

って馴《な》れ馴《な》れしく言ってきた。初対面なのに、なんだこいつ？　と思ったけど、

「ああ、いいよ」

と、さらっと答えた。それが、富澤と交わした最初の会話だ。

このときから、僕を誘うのは、いつも富澤だった。世間的には、僕の方からコンビ結成の声をかけたイメージがあるかもしれないけど、実はあいつの方。

ラグビーはポジションによって、履くスパイクの種類が違う。体型の近い富澤とは同じポジションになりそうだったし、近いタイプの靴を買わなきゃいけないだろうということで、僕に声をかけてきたのかな。まあ、そんなこと確認したこともないからわからないけど、たまたま話しかけやすかっただけ、ってくらいかもしれない。

結局、予想通り、僕と富澤は近いポジションに選ばれた。スクラム最前列の、向かって右側の右プロップに僕、左側の左プロップが富澤。そういや、このポジション、現在の漫才の立ち位置と同じだ。

ラグビーの練習もキツかったけど、いい思い出だ。

ラグビー部の連中と過ごすのが、楽しくてしょうがなかった。

チームメイトがそれぞれ個性的で、練習のときは、いつもくだらない話をしたり、わいわい騒ぎながらやってた。授業には出ないけど、部活のためだけに登校した日もある。ラグビ

ー部での日々が、僕の最初の青春時代だと断言できる。

メンバー全員が芸人になってもおかしくないほど、キャラクターの宝庫だったんだ。バカなヤツらばっかり。だけどなぜか学年で成績が1位・3位・5位の男子も、ラグビー部にいた。3人とも松島から電車で通ってて、しかも3人とも同じ坊主頭だったので「松1・松2・松3」っていう、他人が聞いたら何の意味かわかんないあだ名をつけられてた。

ちなみに、僕は仲間に〝ハト〟って呼ばれていた。理由はハト胸だから。ただ、そう呼んだ方が面白いってだけ。

富澤は〝富倉2号〟。先輩に富倉さんという人がいて、ややこしいから2号でいいだろうと。

どっちもひどいあだ名だ。バカな高校生らしく、ひねりも知性もない。

ラグビー部には、一応合宿もあった。合宿といってもお泊まり会みたいなものだったけど。そもそも顧問も来ない。その顧問も、ラグビーのルールを知らないっていうんだから、やりたい放題さ。合宿では、高校に泊まって、毎日練習するんだけど、休憩時間の方が長かった。近所の中華料理屋とか吉野家に、みんなスクーターで行って、がつがつメシ食って。夜は男ばっかりで肝試しをやって、ワーキャー騒いで。1年生のときは、先輩にウーロン茶を買いに仙台駅までパシらされたりとか、それなりに厳しかったけど、学年が上がると合宿では遊んでばっかり。

一方で、野球部の合宿を見たら、震えあがったよ。もう血へど吐くのが当たり前の、地獄みたいなトレーニングをやってる。本当に入部しなくてよかった。

今はどうかわかんないけど、仙台商業には、ヤンキー生徒もけっこういた。ドカンズボンにリーゼント、ケンカ上等の男子が、そこらじゅうにいた。近隣の仙台育英とか東北高校の腕っぷしの強い連中と、モメてはしょっちゅうケンカしてたな。

僕は、ヤンキー軍団の一員というほどでもないけど、ヤンキー軍団の奴らと仲が悪いわけじゃなかった。高校時代の写真を見ると、ちょいヤンキーな風体《ふうてい》はしてる。本物のヤンキーにまじって、笑いをとって遊んだりしてたけど、ケンカ騒ぎに、直接加わるようなことはなかったかな。

しかし、**さっぱりモテなかった……**。何しろ田舎の男子校で、女子と接触する機会はほとんど無い。

富澤も、けっこうつらかったと思うよ。**普段はクールぶってるけど、あいつは女の目を気にした、かなりのカッコつけだから。**女になんて興味ないって、変に硬派を気取るんだよね。話し方だとかバイクの乗り方だとか、帽子のかぶり方ひとつとっても、「こいつカッコつけてんなぁ」ってしょっちゅう思ってた。近くにいると、よくわかる。何かに誘っても「ひとりでいいよ」っていうタイプで、妙にサラッとスカしてる。

富澤は、友だちも少なかった。嫌われてるわけじゃないんだけど、人付き合いが下手なんだ。それは今も変わらない。あいつがもしラグビー部じゃなかったら、ほとんど友だちがいなかったんじゃないかと思うくらい。といっても、それはあいつの性格だし、あいつの個性だとも思うから、別にいいんだけど。

いずれにせよ、女子のいない環境は、みんなつまらなかっただろうね。僕も高校3年間は彼女なしで、人生で初めて彼女ができたのは、卒業してから。そんなだから、在学中は、男子だけでいかに面白く過ごせるか、それだけに熱中してた。

授業中も真面目じゃなかった。夏は暑いからって、トランクス一丁で授業を受けたり。それでも我慢できないと、シューズと靴下脱いで、水の入ったバケツに足をつっこんで授業を聞いてた。工事現場のおっさんかってスタイル。でも先生は叱らないんだ。「おー暑いのか。各自で涼しい格好してろよー」とか言って。考えられないくらい、いい学校だった。

卒業生はだいたい地元に就職している。仙台に拠点を置いている有名企業の社長は、ほぼ仙台商業の卒業生だ。それは、僕らＯＢの誇りでもあるんだ。

富澤たけし

ラグビー部を選んだ本当の理由

高校は最初から、仙台商業高校に行くつもりだった。

理由は、単に、学ランの制服が着たかったから。

当時は『ＢＥ－ＢＯＰ－ＨＩＧＨＳＣＨＯＯＬ』や『ろくでなしＢＬＵＥＳ』が流行《はや》ってたこともあったし、改造学ランとか着こなして、悪ぶりたい年頃だった。

何としても「学ラン高校生」になりたい。でも親は、学区内のブレザー服の共学校にしなさいと言ってきかなかったから、仙商に行くための説得力のある理由はないだろうかと考えた。

あるとき、親の勧めるブレザーの共学校にはラグビー部がないと知った。それで、

「僕、高校でラグビーをやって、花園を目指したいんだ！」

という大ウソをついて、親を納得させた。

そんなわけで、受験を無事突破、大喜びで入学したんだけれど、なんと僕が入学した年か

ら、仙台商業は学ランをやめて、ブレザーの制服にしてしまった……！

がっかりだよ。一瞬、本気でやめてやろうかと思ったもん。

だけど高校でラグビーをやるって、親に言っちゃってるから、そういうわけにもいかない。

結局、ラグビー部に入部を申し込んだんだけど、実は、嫌々が半分だったんだ。


仮入部の日、入部希望の1年生はけっこう大勢いたと思う。

その中に、伊達がいた。

第一印象は、「体格はがっちりしてるけど、よく見ると可愛い顔してる男だな」。

簡単に言えば、僕より弱っちく見えた。こいつなら僕より下に見ても大丈夫だろうと、僕の〝本能〟がそろばんを弾《はじ》いた。

それで、僕の方から、偉そうな感じで伊達に肩を組んで、

「なあ、一緒にスパイク買いに行こうぜ」

って言った。そうしたら伊達は、偉そうな僕に、

「ああ、いいよ」

と、サラッと答えた。

僕の中から、いろんな若い頃の記憶が消えていってるけど、このときの会話と光景だけは、

はっきり覚えている。できれば一生、消えてほしくないと思う。

１９９９年に仙台商業高校は移転してしまった。

僕らの通っていた校舎があった場所は、駐車場になった。記憶がなくなるのはともかく、もう戻ってこない時間を過ごした場所が、消えてしまうのは……やっぱりつらい。

何よりも、あそこは伊達と最初に出会った場所だから。

富澤たけし

昔から僕は、前に出ないで、周りを観察するタイプだった

ラグビー部の練習は、柔道よりさらにキツかった。

走りこみも筋トレもパスワークも、最初は全然ついていけなくて、汗だくになって、ボールを追いかける毎日だった。

すぐにやめようと思っていたが、やめるヤツが多くて、タイミングを失った。

でも、2年になってからは楽しかった。

身体はくたくたなのに、やめようなんて微塵《みじん》も思わなくなった。部活の連中とバカ話するのが面白かったんだ。授業には出ないで、部活の練習するためだけに学校へ行った日もあった。伊達も、同じ感じだったみたいだ。

部員が全員、お笑い芸人並みにキャラクターの立った連中ばかり。なかでもハガさんっていう強面《こわもて》の先輩がいて、僕はめちゃくちゃ好きだった。

僕は、ハガ総帥、もしくはハガ皇帝って勝手に呼んでいた。身体がものすごいでかくて、

ラグビーも上手《うま》かった。伊達と一緒によくパシらされた。おっかないんだけど、笑いのセンスもある人で、そばにいるだけで楽しかった。

ハガ先輩は僕らをよく可愛がってくれた。

学校では応援練習っていうのがある。それは、応援団の人から、「声が小さいんだよーっ!!」って、弱っちい奴がビシバシ殴られるような、まさしくヤンキーの世界。ハガ先輩は、応援団の実力者だったから、先輩の手下だった僕と伊達は、ちょっと特別扱いされていた。不良軍団のプレッシャーから、守ってもらえているような感じ。**言ってみれば、僕ら二人は、見た目と違って、情けない男子だったってわけです。**

M-1で優勝した後、仙台ロケの番組で、ハガ先輩にも出てもらった。ドッキリの登場だったから、びっくり。先輩は、全然変わっていなくて、僕らのお笑いでの活躍を本当に喜んでくれてた。

高校の3年間で、僕はラグビー部の中でしか、友だちをつくれなかった。

もともと、すすんで友だちをつくりたいタイプでもないし、教室ではずーっとひとりで過ごしてたと思う。そんな僕が、ラグビー部の仲間と一緒にいるのだけは、楽しかった。その場のなんてことない会話を、ちゃんと笑いにつくりあげる頭の良さを、みんな持っていた。

常に、ネタふりとボケとツッコミを、きちんと成立させる。腕のたつヒナ壇芸人たちが、部室に詰めているような雰囲気だった。

なかでも伊達は、ずば抜けていた。

他人の話を拾って、広げて、きれいにまとめる話術が、高校のときから優れていた。**ツッコミのタイミングと的確さは、当時テレビで見ていた、どのタレントよりも上手だと思っていた。**もっと言うと、ラグビー部の面白さは、伊達のしゃべりのスキルが中心にあったからじゃないかと思う。

後で聞いたら、伊達は大阪で暮らしていたことがあるという。大阪弁もしゃべっていたし、友だちもすぐできたって。伊達のしゃべりの天性の勘の良さは、そういうところで培われていたのかもしれないなと、後から思った。

僕はそうやって、人を観察するのがクセだった。

小さいときは転校が多かったし、まずその場の空気を読んで、自分の立ち位置とか行動とかを探るようにしている。

出しゃばる性格ではない。まず引っこんで、後ろから場の流れをジーッと見る。空気の流れとか、人の特性を見極めて、ここぞというときに、一番いい方法で自分の個性を出してゆく。いやらしい奴だと思う、自分でも。だけどそのスタンスは、サンドウィッチマンを始めてからの仕事の場でも、変わらない。

これが、「ネタ」すなわち「自分」を人に見てもらうときの、僕の不変のスタイルなんだ。

仙商ラグビー部で、負けグセがついた!?

富澤たけし

ラグビー部での3年間の戦績は、2勝1分け、残りは全部負け。何回負けたかは、多すぎて覚えてない。

石巻工業高校に101対0で負けた試合は、よく覚えてる。

開始前に、相手の選手全員を見たときに、血の気が引いたもん。身体のデカさが、うちのチームとひと回り違う。え、あいつら同じ高校生か!? って。

試合が始まって、まず僕が相手にタックルしたんだけど、身体の中で「ゴキッ」って変な音がした。で、次の瞬間に数メートル、ポーンとはじき飛ばされた。怖かった。

そこからはもう、タックルにいくのも嫌だし、やられっぱなし。ぽんぽんと点が入る入る。周りを見ると、うちのチーム全員が「やめようよ、もう」っていう顔になってた。もちろん伊達も、怯《おび》えて可愛い顔になってた。

ハーフタイムに入った途端、チームの誰かが審判に「試合放棄できないか？」って聞きに行ってたと思う。もちろん、そんなの聞き入れてもらえないから、後半もその恐怖は続いたわけだけど。石巻工業は、ちっとも手を抜いてくれなくて、まいった。全国大会に出るようなチームだったから、格が違ったんだ。

2回だけ勝った試合のことも、よく覚えている。

といっても、数少ない勝利を通して勝つ醍醐味《だいごみ》を知って、もっと頑張ろう……なんてことにはまったくつながらなかった。

もともと、やりたくて始めたラグビーでもないし、**勝つことに対する渇きなんてものは、ほとんどなかった。**石巻工業と戦ったときに、すべてを悟ってしまったから。勝利するためには、こういう身体に鍛え上げて、ここまでストイックに試合をやんなきゃいけないんだなって。

試合で面白かったのは、スクラム組んでるときに、気に入らない相手の選手を蹴り倒すときぐらい。……僕、最低のラガーマンだと思う。

ちなみに僕は、たった2回勝った試合で、1トライずつあげている。伊達は公式戦で1回もトライはしてないはず。僕がやってたプロップのポジションでは、トライできないと思ってたから、成功したときはすごい嬉しかった。そのときの感触は、今でも手に残ってる。

……でもやっぱり、「勝ちたい！」という飢えは、ちっとも湧かなかった。

伊達みきお
富澤の笑い、僕の笑い

高校時代の富澤と僕は、特にふたりきりで話したり、無二の親友っていう関係ではなかった。

ラグビー部のみんなでワイワイ話してる中のひとり、という感じだったけれど、通学路が同じだったから、帰り道はよくふたりで一緒になった。ああだこうだと、どうでもいい話をした覚えがある。

ラグビー部には〝エロ本祭り〟っていうイベントがあった。それぞれの部員が、〝使い切って〟飽きたエロ本を部室に持ち寄って、黒板にずらーっと並べる。黒板には『第△回　エロ本まつり！』って書くのがお決まり。そこからみんな気に入ったのを持って帰るってだけのイベントなんだけど、こいつは、今から思えば、エコブームを先どりしたリサイクル運動だったね。これは定期的にやっていた。開催者は別に決まってないんだけど、けっこう富澤が担当した回が多かった気がする。というのも、このイベント自体、始めたのが富澤だったから。

富澤はそんなにおしゃべりなタイプじゃないけど、間違いなく面白い奴だった。みんなでバカな話をした後に、最後にボソッと気の利《き》いたひと言を呟《つぶや》いて、場の雰囲気にオチをつける。**言葉のセンスが普通じゃない奴だなと思っていた。**

富澤の笑いの世界観には、いつも「死」というキーワードがあった。笑わせることが好きなのに、実はけっこう黒い。そういうセンスは、常人にはないと感じてた。

いつだったか、富澤が部活をサボった。それで先輩に「なぜ休んだんだ！」って詰め寄られると、あいつが真面目な顔でボソッとこう言った。

「肛門爆裂死なので、来れませんでした」

先輩はゲラゲラ笑って、赦《ゆる》してた。

そりゃ休むしかねえよなって。そんな奴が学校に来るなよな！　って。僕も大笑いした。

笑わせると、人の怒りなんて飛んでっちゃうんだよね。

そういう、意味不明だけど、圧倒的に迫力のある弁解を瞬時に思いつくような奴だった。

そういえば、僕の笑いの目覚めは、いつだろう……。たぶん、小学生ぐらいのときだ。

仙台に住んでいたいとこが「面白いテープがあるぞ！」って、貸してくれたのが、『スネークマンショー』の音源だった。役者のセリフだけで、こんなに面白いことができるんだって、驚いて、何回も聞きなおしたのを覚えてる。後で知ったんだけど、だいたい同じ頃に、富澤も『スネークマンショー』に衝撃を受けていた。芸人を目指すような、僕らと同年代の男子にとって、あの作品の影響力は大きかった。

でも、自分がお笑い芸人になるなんて、10代の頃は、まったく考えたこともなかった。

何しろ、僕の家は堅かった。親父は、ゲームを買ってくれないだけじゃなく、テレビのお笑い番組をほとんど見せてくれなかった。新聞の朝刊に赤ペンで、その日に見たいテレビ番組に印を入れるんだけど、印の入ってる番組は全部ＮＨＫだった。だったら、わざわざ赤ペンで印なんてつけないで、ＮＨＫだけつけときゃいいじゃんって思ってた。

祖父《じい》ちゃんが、また輪をかけて堅い人で、僕からは想像できないかもしれないけど、東大卒で、銀行の副理事長にまで上り詰めたとかいう人。あの時代にそのキャリアを築くのって相当だと思う。「伊達一族の長男」はだいたいそんな感じで、何がしかの実績を残した、お堅い人生を歩いてる人が多かった。

僕も長男として生まれて、そんな環境で育ったから、**お笑い芸人になりたいなんて発想が出るわけがなかった。**結局は、家族の誰も想像しなかった道を、後に目指すことになってしまうわけで、そのせいで本当に心配をかけちゃうんだけど、いちおう漫才の大会で日本一になれたので、よしとしてくれてたらいいなと思う。

お笑いの記憶といえば、強烈に覚えてるのが大阪時代に、親父が連れていってくれた『梅田花月』の舞台。落語のイベントだったと思うけど、まだ若かった桂三枝さんや、桂文珍さんが高座に上がっていた。当時はお笑いに興味なかったんだけど、生で見る話芸に「めちゃくちゃ面白え！」って、興奮した記憶がある。**しゃべりで人を笑わせるのってすごい！　と、本能的に感じ取った瞬間かもしれない。**あのときの感覚は、その後に高校行ったりしても、不思議と忘れることがなかった。

高校3年の時、文化祭で1回だけ、漫才をやったことがある。相方は富澤じゃなかった。ナマの舞台に立つのは、緊張したけど楽しかった。手ごたえは……、あんまり覚えてないや。でも高校時代のいい思い出のひとつには違いない。

といっても、そこで漫才師に目覚めたということは、まったくなかった。ちなみにそのときの相方は、今仙台で飲食店をやってて、ちょくちょく遊びに行ってる。

伊達みきお

勝利の味をほとんど知らない高校時代

ラグビー部では、1年のときからレギュラーだった。実力があったわけじゃなくて、単に部員が少なかったから。先輩たちは、試合に出てしんどい思いするのは嫌だって言うし。ラガーマンにあるまじき、本当にやる気のないチームだった。

とにかくよく負けた。具体的な負け数は、多すぎてわからない。一番の大敗は、デビューした最初の試合。スコアは１０１対０……。もう、わけわかんない試合だった。相手は、花園にも出場した名門・石巻工業高校だったんだから、もう、試合の前から決着がついてた。

最初のスクラムで、もうダメだと思った。ガツッ！　って組んだ瞬間、スクラムの最前列が、ふわーって浮いた。富澤の身体がくの字に曲がったんだ。そしてあっという間に、全員ひっくり返されて……。そのとき思った。こりゃ身体に悪いぞ、と。

スタートの時点で、すでに、この試合を真面目にやろうとは、考えなくなってしまった。

「何事においても、スタート時にレベルの違いすぎる相手とは、戦うのを避けた方がいい」

と、ひとつ教訓を得た体験だった。

たった2勝の勝利試合は、どっちもよく覚えている。ひとつは、どこかの農業高校との対戦で、部員を別の部活から借りてくるようなチームだった。そんな即席のチーム相手だったのに、ギリギリの勝利だった。スコアは14対8だったかな。1トライ差ぐらいの薄氷の勝利。

もうひとつの勝利は、対・どっかの水産高校。僕が2年生のときの新人戦だった。うちもそんなに偉そうなことは言えないけど、ガラの悪そうなチームだった。その中にひとり190センチぐらいで、体重100キロはありそうな化け物みたいな選手がいた。スクラムを組んだとき、そいつがちょうど富澤の真向かいのポジションだった。とにかくデカくて力があったから、こっちのスクラムが、富澤の位置から押されてグルッと回っちゃうんだ。「あいつを潰さなきゃ負ける！」というので、必死だった。

そういう貴重な勝利を体験すると、普通は勝つ喜びを覚えるものかもしれない。だけど、僕は「頑張ってラグビーを強くなろう！」という気持ちには、全然ならなかった。

富澤はどうだったかわからないけど、**僕は、何がなんでも這《は》い上がって、勝ってみんなを見返してやる！　というメンタリティの持ち主じゃなかった。**

創部1年目のチームに負けたときは、さすがに悔しかったけどね。いちおう仙台商業は100年の伝統があった。それが、できたてほやほやのチームに、やすやすと勝利を献上してしまった。負けた瞬間は、「ちくしょう、次は絶対にこいつらには勝ってやる！」と思ったけど、次の日には、さっぱり忘れて、いつものようにダラダラと練習してた。

勝ちたいからラグビーをしているわけじゃなく、仲間とワイワイ話して、楽しくて面白いからやってるんだ、という思いがあったような気がする。

「勝利に対する意識」ということでいえば、お笑いに関しては、もう少し別の、複雑な思いがあるんだけど、それはまた別の話……。

とにかく、楽しければそれでいいやっていう、不真面目な高校生だった。何しろ3年間で遅刻が126回もあった。毎朝、ギリギリまで寝て、ダッシュで家を出る。通学途中に踏切があるんだけど、そこに引っかかるか引っかからないかで、遅刻が決まる。まあ、126回引っかかったから遅刻したわけだけど……。

遅刻をすると、先生にその理由を日誌に書かされた。踏切にストップかけられたので遅れましたとは書けないから、**「向かい風に負けた」**とか**「雨に足をとられた」**とか、適当に書いてた。文面だけ読むと、何だかロックな感じじっていうか、カッコよさげに見えるな。うん、これはカッコいい。

2年生の終わり頃、いよいよ進路について悩みだした。

今はどうか知らないけど、当時の仙台商業は、進学しないで地元の会社に就職する生徒が多かった。僕も大学に行けるような成績じゃなかったし、働こうかな……と思ってたけど、やっぱりもう少し遊んでたいっていう、ガキ気分がまだまだ残っていた。

それで結局、卒業してから福祉の専門学校に入学した。

富澤たけし

目標も未来も見えないまま、高校を卒業

高校3年のとき、初めて彼女ができた。

友だちの紹介で知り合った同い年の女の子だった。彼女とは、7年間付き合った。

長いと言われるけど、そうなのかな。よく、恋愛を次々繰り返している人の話を聞くけど、僕にはあれがよくわからない。僕は、女の人と付き合ったらそのままゴールインするもんだと思ってるから。別れようとか、浮気しようとか、交際している間はまったく考えない。さすがに最近になって、交際＝結婚ではないんだなと思うようにはなったけど。恋に対しては、かなりまっすぐな方なんだろう。

……恋愛についてあれこれ語れる立場じゃないけど。

彼女がいた頃は、その娘《こ》とべったりで、ラグビー部の仲間ともあんまり遊ばなくなってた。

伊達からの年賀状に、「たまには俺と遊んでくれよ」って書かれてあったのを覚えてる。**あいつ、僕のことが好きだから寂しかったんだな。**

伊達は高校時代、僕の家にも何度か来ていた。だけどなぜか、うちの飼い猫の宮（ミャー）が伊達にちっとも懐かなくて、あいつが来るたびに毛を逆だてていた。何かが気に入らなかったんだろう。

宮は、僕が中学時代に家に連れてきた猫だ。『タイガーマスク』が大好きだったから、本当は虎が欲しかったんだけど、仙台で飼えるわけがないので、猫で我慢した。その前に亀とインコも飼っていたんだけど、やつらにはいまいち愛情が注げなかった。

親は、猫は絶対だめって言ってたんだけど、無理やり連れて帰って、後にひけない勢いで「飼う！」と頼めばＯＫするだろうと思って、友だちの家で生まれた子猫をもらってきて強引に飼うことにした。

宮が小さいときは甲斐がいしく世話をした。哺乳ビンでミルクをやったり。僕を親と思ってるから、トイレとか風呂にもヨチヨチついて来ていた。

東京に出てから、あんまり懐いてくれなくなった。……まあ、**大事な記憶や風景を失《な》くしてゆくのが、僕の人生だからしょうがないか。**

宮は実家で20歳まで生きたが、つい先日、死んでしまった。Ｍ-１グランプリを獲《と》ってから仕事が増えて忙しくて実家に帰れなかったんだけど、悲しくて泣いた。**すごく泣いて、僕の万年湿ってる万年布団がもっと湿った。**翌日、目を腫《は》らしたままドラマ『ハチワンダイバー』（2008年放送）の収録に向かった。だから、その日撮影した回は、実はちょっと目が腫れている。

高校のときに原付きの免許を取って、バイクを買った。それから、行動範囲がぐっと広がった。

ハガ総帥に呼び出されて、いろんなところに遠出した。あの人の呼び出しに一番多く応じていたのは、僕と伊達だったと思う。

伊達の家にも、バイクで何度か遊びに行った。ピザ屋でバイトしていたとき、あいつが配達を頼んできやがったときもあった。伊達の家の玄関で「お待たせしましたー！」って言うのが、何かムカついた。

高校時代は、ずーっとそのピザ屋でバイトしていた。

ちょっとだけ、皿洗いのバイトなんかもやったけど、ピザ屋は長くて、3年くらい続いた。**M-1の決勝ネタ「ピザのデリバリー」は、ここでの経験がもとになっている。**といって、この頃、すでにお笑い芸人になろうと思っていたかどうかは、正直、よくわからない。

中学3年の進路相談のときは、担任に「役者になりたい」と言った記憶がある。

担任は、いい人なのか適当だったのか「可能性はないわけじゃないけどな」って、流していた。

僕も、本気で考えてそう言ったわけじゃなかったけれど、芸能界に憧れがあったのは、確かだ。楽しいことをやってお金を稼いでる、華やかな仕事っていう感覚で、普通の10代が抱く程度の憧れを持っていたように思う。

役者になろう！　っていうより、普通のサラリーマンになるのが、嫌だった。

そして高校になると、はっきりお笑い芸人とまでは考えなかったけど、ものをつくる何者かになりたいという、揺るぎない思いになった。

例えば、マンガ家。例えば、カメラマン。自分の想像力を形にしてゆく、クリエイティブな仕事に憧れて、そういう仕事に就きたいと思った。だけど、主役としてスポットライトを浴びるのは避けたい……という矛盾した思いが、まぜこぜになってた。

進学もしたくない。サラリーマンにもなりたくない。

ものをつくりたいけど、方法が見つからない。

どんなものをつくっていいか、具体的なビジョンも曖昧だった。

じゃあ僕はどこを目指して、何になればいいんだ?

目標も未来も見いだせないまま、悶々《もんもん》と自問する時間だけが過ぎて、高校を卒業してしまった。

高校卒業、
僕たちは別々の道を
歩き出した。

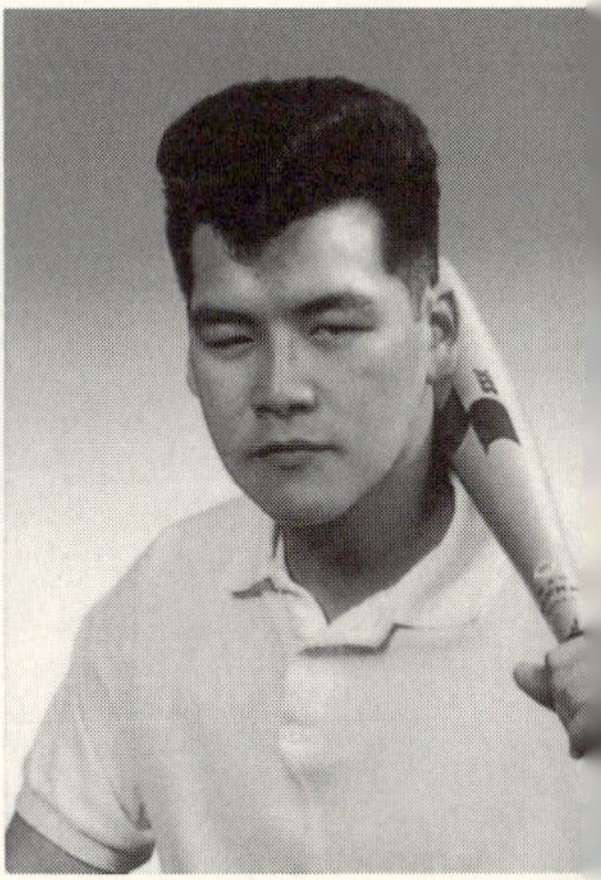

伊達みきお
お笑い芸人になるなんて、想像もしてなかった

卒業後も、富澤とはちょくちょく連絡を取っていた。
あいつは就職も進学もしないで、フリーターをやっていた。すごい長髪にして、真っ金々の金髪に染めてた。いったい、あいつの中で何が起こったんだ？
富澤は高校卒業後、長いこと、駐車場の管理人のアルバイトをやっていた。駐車場の隅っこに、プレハブ小屋があって、利用者の駐車時間をチェックする仕事。たまに遊びに行ってたけど、いつもひとりで、黙々とポータブルゲームをピコピコやってた。まだ若いのに駐車場の主みたいな雰囲気だった。就職するようなタイプではないし、かといってバイトに骨を埋《うず》めるような感じでもなかったし……ラグビー部の仲間内でも「富澤は将来、どうするんだ？」みたいな話をした覚えがある。
高校のときに、富澤がずっとバイトしてたピザ屋に、1回だけ遊びに行ったことがある。ピザをつくってる厨房も見たけど、小汚かったな。こんなとこでつくったピザが本当に美味《うま》

いのかよって。いや、美味かったんだけど。でも結局、その店も潰れちゃったみたいだ。

富澤の家には、何回か行ったことがある。だけどあいつの飼い猫の宮（ミャー）が僕のことを大っ嫌いで、行くたびにフーッ!!って怒りだすのが怖かった。何だろう、宮は将来、富澤が家を出て、僕と東京で暮らすことを予感してたのかな。嫉妬《しっと》されてたのかもしれないな。

富澤との仲はまあまあ良かったけど、僕の中ではラグビー部の仲間のひとりだったから、富澤が何をやってようと、そんなに気にはならなかった。

その富澤が、突然「お笑い芸人をやるんだ！」と言いだした。

最初に聞いたときは、ふーんそうなんだ、っていう程度の感想。

もちろん、そのときに「僕もやる！」なんてこと、全然考えてない。富澤は何かしら才能のある奴とは思っていたから、どうにかなるんじゃないかと思った。あいつは絵も上手だったし、かなり面白い4コママンガなんかも描いてたから。

だけど、**表舞台に出られるような目立ちたがり屋じゃないから、大丈夫か？　という心配もあった。**——実は今でも、そう思ってる。あいつは、誰にも知られない場所で、こつこつと何かをつくるのが好きで、本当は、そっちの方が向いている男なんだ。M-1以降、精神的にも身体的にも、だいぶ無理してテレビに出ていると思う。すぐ隣にいるから、よくわかる。だけどそこは、踏ん張ってほしい。僕もできるだけフォローしてやらなくちゃと思ってる。

伊達みきお
ごめん親父、出来の悪い息子で……

僕は勉強は不真面目だったけど、根の部分は、真面目だ。当たり前だけど。

今もテレビに出るとき、先輩の楽屋には、入りのときと帰る直前には必ず挨拶に行く。よっぽどガラが悪く見えるのか、「伊達は見た目と違って真面目やなー！」って言われる。けど、それが普通だと思ってるから。

親父は、礼儀とか挨拶を、きちんと教えてくれる人だった。

でも、その親父と、ちょっと疎遠な時期があった。

中学のときにタバコ吸ってるのを見つかって、すごい怒られた。それ以来、かなり長い間、あまりまともに口をきいてくれなかった。

高校卒業の前も、親父が「大学に行け」っていう姿勢を変えないせいで、冷戦状態が続き、会話は減っていった。

厳しくて、真面目で、家族思いの立派な父親だと思っている。でも、僕は親父の期待に応えられなかったという後ろめたさを、ずーっと拭《ぬぐ》えなかった……。親父には見放されたんだと、落ち込んでた時期もあった。そういう複雑な感情もあったから、専門学校を中退した後は、親父が口を利《き》いてくれた会社に、文句を言わず入社した。

親父に対しては、反発心というより、出来の悪い息子でごめんな、という思いが、長いこと消えなかった。

「ごめんな」という思いは、富澤とコンビを組んで、お笑い芸人になったときにピークに達した。

もちろん**親父は、僕の芸能界入りには大反対だった。**

僕も意地になってる部分はあったけど……正直、ごめんな親父、という気持ちは、ずっとあった。

今はやっと、わだかまりもなく、笑って話せるようになった。いちおう胸の張れる結果をひとつ、見せることができたから。

親父は本心では、僕にお笑い芸人になってほしくなかっただろうし、仙台に帰って来いって言いたかったんだと思う。そういう気持ちはちゃんと、僕には伝わっていた。

売れない時代でも、何のかんの言いつつ、一生懸命やれよと応援してくれていた。M-1での優勝を、いちばん喜んでくれたのは親父だと思う。いつまでも頭の上がらない存在だ。

伊達みきお

忘れることのない大切な故郷、仙台

富澤に対しては、コンビとして不安を感じたことは一度もない。あいつは、僕よりしっかりしているから。僕は何でもいい加減な方だけど、富澤は几帳面で、いい意味で細かい。お笑い芸人にしては珍しいんじゃないかと思うくらいだ。

　仕事で日本テレビの近くのホテルに、ふたりで泊まることになったときのこと。僕は荷物を置いて、ちょっとコンビニに行きたくなったんだけど、周辺にあまり詳しくないから、「一緒に買い出し行こうぜ」って隣の部屋にいる富澤を誘いに行った。すると、すでに洗面台にシェーバーとか歯ブラシが、きっちり並べてあった。ホテルに着いて、ものの10分くらいだよ。富澤は「こうやって用意してないと落ち着かないんだ」って言ってた。えらく几帳面な奴だ。10年一緒のアパートで生活してたけど、そんなデリケートな奴だとは知らなかった。

　だけど、自宅の部屋の中はおそろしく汚い！　あいつの几帳面な性格は、物を片づけるって方向には、まったく活かされていない。とにかく物を捨てないんだ、あいつは。**ファンの**

子からもらったプレゼントのリボン紐までとっておいてあるから。いつか使う気なのか!?布団なんて何年も干してないから、敷布団の下はとんでもないことになっている。とても人様にはお見せできない。

一方で、仕事とか、社会と関わる部分ではしっかり者。金や女で騙《だま》されないタイプだし、プライベートでも安心して付き合える。**こいつとコンビ組んでよかったんだろうか、なんて悩んだことは本当に一回もない。**

M-1で優勝した後、ロケで仙台の思い出の場所をコンビで巡った。『定進堂』っていうパン屋さんがあって、久しぶりにお邪魔した。そこのパンは本当に美味《おい》しい。高校時代はほとんど毎日、通いつめた。ロケで、おかみさんに、パンを食べさせてもらったけど、懐かしい味だった。僕らが漫才で日本一になったことを、泣いて喜んでくれた。

本当は、おかみさんの旦那さんが、その店のパン職人。昔から僕らを応援してくれてたんだけど、4年前に亡くなった。お葬式のとき、僕はちょうど仙台にいて、お線香をあげさせてもらった。

当時はテレビにも出られていない時代だったし、旦那さんに活躍してるところを見せてあげられなかったと思ったら、涙が出た。今でも少し、悔しい。

地元の人たちは、これからも大切にしたいんだ。

売れてないときも、地元のライブ告知を手伝ってくれたり、みんな何かと励ましてくれた。2008年は楽天イーグルスの応援をさせてもらったり、宮城の〝夢大使〟に選んでいただいたり、とても光栄なことだと思っている。そういう地元での仕事は、どんなに忙しくなっても、絶対に大事にしていきたい。

仙台のお笑いシーンを盛り上げたい！　って気持ちは強い。2008年の春からは、宮城の東北放送で、初めての冠番組『サンドのぼんやり〜ぬTV』が始まったし、気合は入りまくりだ。

興行の世界では、仙台はお笑い不毛の地、なんて言われているらしい。

でも、絶対そんなことはない。

サンドウィッチマンを中心に、いつかこの土地から笑いの風を起こせたらいいな、と夢見ている。

――でも、それは今だから言えること。

地元の専門学校を出て、会社員になった頃は、芸能界にいる僕の姿なんて、夢どころか、想像することもなかったからね。

富澤たけし

不器用な親父、不器用な僕

高校を出てフリーターになってからも、ピザ屋のバイトをしばらく続けた。

ピザ屋では店長代理にまでなってしまったけど、そこに骨を埋めようとは、ちっとも思えなかった。一度、別のところに就職しようかと、写真店の面接を受けたこともあった。でも、その店の撮影の仕事といえば、小学校の遠足についていって子どもの顔を撮ったりする程度で、僕は子どもが苦手だから、結局やめにした。

芸能人になりたい、と思い始めたのは、この頃かな。

やれるなら、やってみたい。

ものをつくって、他人を笑わせてみたい。

面白がらせてやりたい。

フリーター生活も3年目の、21歳だった。

もし芸能界に行けるチャンスがあったらすぐに飛びこめるように、就職するのはあきらめ

ることにした。

この頃の自分の感情は……今でもうまく説明できない。

芸能界に入るとして、何を目指すのかも、やりたいことは何なのかも、はっきりしていなかった。ただ、ものをつくって人を楽しませたいという気持ちだけは、ぼんやりしながらも間違いなく持っていた。

親からは、ただブラブラと、目的もなくフリーターを続けているだけに見えただろう。わざと、そう見せているようなところもあった。何かを目指して頑張ってるんだ！　と思われるのが、恥ずかしかった。

母親は「たけしの好きなことをやったらいいわ」というスタンスだった。一方で、親父は僕の将来に対して、口に出しては言うことはなかった。本心はどうだったのか……。全面的に応援しているっていう感じでもなかったと思う。

もともと会話のほとんどない父子だった。何か伝達事項があっても、ほとんど母親を介して交わしていた。親父とふたりきりになったら、気まずいことこの上ないのは、今でも変わらない。

こっちが30歳を過ぎてても、親父の前でタバコを吸ったら怒られるかもしれないっていう怖さがまだ残っている。たまに実家に電話すると、「はい富澤です」って、親父が出ることがある。すると思わず、何も言わないで電話を切ってしまう。もしくはすぐ「母さんに変わってよ」と頼む。

親父の方も、僕とどう接していいのかわからないのが伝わってくる。小さいときによく殴られて、近づきがたい空気があったし、褒められたことがなかったから……。典型的な昔気質《かたぎ》の親父で、大人になった今も妙に距離感が残っている。これは、埋まることはないような気がする。

ただ、不器用ながら、僕を見守ってくれていたことは、何となくわかるんだ。

母親から聞いた話だけど、M-1で優勝した直後に、親父は涙を浮かべて、

「これで俺も天国に行ける……！」

って言ったらしい。そうしたら母親は、

「バカじゃないの？　偉いのはたけしで、あなた自身とは、何にも関係ないでしょ」

って言い捨てたらしい。笑っちゃったけど、その通りだ。

親父、全然関係ねーじゃん！　僕らの優勝と、自分の天国行きを勝手につなげないでくれよ。

でも、そういう喜びを口にするような人だとは思わなかったから、**親父は親父なりに、応**

援してくれていたんだなって、ちょっぴり、驚いた。

小学、中学時代の友だちは、僕の芸能活動をストレートに応援してくれていた。サンドウィッチマンになってから、地元での営業もよく見に来てくれていた。でも、そういう付き合いをしてる仲間に限って、M－1で優勝しても、何にも連絡してこない。直接会ったら「よかったな、おめでとう」くらいは言ってくれたけど、特に大騒ぎはしない。M－1に優勝してから思い出したように連絡をくれる人は山ほどいたけど、そういう普段と同じ距離感で付き合ってくれる仲間の存在は、本当にありがたいと感じた。

中学時代に、サンプリングテープをつくって遊んでた仲間とも、連絡を取り合っている。もしあいつらと同じ高校に入って、ラグビー部に入らず、何かをコツコツつくり続けていたとしたら、今頃どうなってただろう。

もしかしたら、同じようにテレビに関わる仕事に就いていたとしても、コンテンツをつくる側のスタッフになっていたかもしれない。

富澤たけし

伊達を誘ったらフラれた。初舞台で隣にいたのは別の奴

１９９５年。地元にチャンスがやって来た。

吉本興業が、お笑い専用の劇場『仙台夕やけ劇場』をつくったのだ。

そんな仙台夕やけ劇場で、素人対象のオーディションが行われる。受かったら、プロの芸人さんたちと同じ舞台に立てるという話を聞いた。

これだ！　と思った。

バイトは駐車場の管理人をすることにしていた。

そのバイトだと、誰とも会話しないで過ごしていられる。そこならネタをたっぷり書くことができるからちょうどよかった。

最初から、オーディションには、コンビで臨もうと思っていた。

笑いをやるには、相方がいた方が面白くなるだろう。僕はピン芸人では、やっていけそうもないし。——それは、直感だったのだけど、後々のことを考えると、どうやら間違っては

いなかったようだ。

僕は迷うことなく、伊達を誘った。

あいつほど、的確な間と、よく通る声と、見た目の面白さを持った奴は、僕の周りにいなかった。

だけど……あいつはもう就職していて、仕事の忙しさに追われていた。誘ったけど「今は無理だよ」と、断られた。

でも、はっきりとコンビを拒否されたわけじゃなかった。「今仕事を辞めるわけにはいかない」と言っていたが、これは、もう少し時間が経ったらまた考えさせてくれ、みたいなニュアンスだった。

そうこうしてるうちにオーディションの期日が迫ってきた。仕方なく、というわけじゃないけど、ひとまず伊達はあきらめて、別の友だちを誘った。

そいつは、中学時代の数少ない仲間のひとりだった。彼に「僕のネタを、忠実に再現するだけでいいから組んでくれ」と頼んで、コンビを結成したんだ。

最初に書いたネタは、ガソリンスタンドの店員コント。これは今でもライブでかけるネタだ。いくつかマイナーチェンジはしているけど、スピードくじを使って笑わせるくだりは変わってない。ベースは最初に書いたときのままだ。

それは生まれて初めて書いたネタだったのだが、書き始めたら、途中でつっかえることなく割とすんなり書きあげることができた。誰からも教わったわけじゃなかったけど。その後もネタをつくるのは、楽しかった。

ネタを稽古して、僕らはオーディションに臨んだ。

コンビ名は『ゆやゆよん』。大好きな詩人・中原中也の作品からとった名前だ。

そして『ゆやゆよん』は、オーディションに受かった。

小さいけれど、お笑い芸人の第一歩を、踏み出すことができた。楽しいことやって、お金を稼げる最高の仕事を見つけられた。

受かったときは飛び上がるほど嬉しかったけど、**すぐに、お笑い芸人の厳しい現実を思い知ることになる。**

伊達みきお

〝彼女の存在〟と、〝富澤からの誘い〟の間で

専門学校を中退した1994年に、僕は地元の福祉関係の会社に入社した。

恥ずかしい話だけど、親父の口利き入社だった。でも、ちゃんとした会社に、親の言うとおり入ったことで、僕は最初の親孝行ができたように思えて、正直なところ、ホッとしてた。

仕事は福祉介護用品の営業販売。要介護のお客さんの家や、老人ホームに行って、紙おむつやベッドを売って回っていた。けっこう成績も良かった……たぶん。人見知りする性格じゃないし、知らない人の懐に入って話を聞くのが好きだったから。歳を重ねたお客さんたちからは、可愛がってもらえた。「伊達くんだから、オマケしてあげようかな」って、余分な商品まで買っていただいたりした。僕は、営業職に向いていたんじゃないかな。

しばらくしたら、仙台のいちばん大きい地区を任せてもらえるようになってた。

だけど、仕事は忙しくて大変だった。毎日、深夜2時ぐらいまで働いて、朝は早い。それだけ働いても、手取りが17万円そこそこだった。身体はキツかったけど、ラグビーで鍛えて

いたから、倒れることはなかった。それにやりがいも感じていた。サラリーマン生活は、まあまあ充実していたといえる。

専門学校時代に、人生で初めて、彼女ができた。

会社に入ってからも付き合いは続き、忙しいなか、時間を合わせて、いろんな思い出をつくった。本当に、僕によくしてくれる女の子だった。交際期間は長かった。29歳まで付き合ったから、まるまる10年。僕も相手も、てっきり結婚すると思ってたんだけど……まあ、その話はひとまず置いておこう。

仕事しながら、富澤ともちょくちょく会っていた。昼休みに、あいつのバイトしてる駐車場に行って、一緒にラーメン食いに出たり。二人の関係は変わらなくて、高校時代の延長みたいだった。

富澤が吉本のオーディションを受けて、お笑い芸人を目指す！　って聞いたときは、そんなに驚きも、反対もしなかった。口では「お前には無理だろ」って言ったけど。あんな無愛想で、人見知りする奴が、人前で笑いをとれる芸人になれるはずないって思った。だけど反面、何かしら〝ものをつくる〟側に行ける男だと思っていたから、ない話じゃないかもっていう気持ちもあった。

最初に、コンビを組まないか、と誘われたときは断った。

富澤とはやれない、と思っていたわけじゃない。単に、会社員としての生活が充実していたし、まだまだ覚えなくちゃいけないことが山積みだった。何より、親父の顔もあったから、そう簡単に、退職はできない。

だけど、断ったものの、心に引っかかるものは残っていた。

お笑いかぁ。楽しいかもしれないな、って。

もともと嫌いな世界じゃない。人を笑わせたり、笑顔を見るのは大好きだった。

かといって芸人っていうのも……。**このときは、お笑いの世界が、僕にとっては非現実的すぎていた。だからコンビを断った、というのが正直なところだ。**

結局5年ほど会社勤めしたけど、その間、富澤はことあるごとに「いつ辞めるの?」「そろそろコンビ組めそうか?」って聞いてきた。僕も、はっきり「やらない!」と断らず、ずるずると引き延ばしていた。

芸人を目指す自分がリアルじゃないと思いつつも、どこかで迷っていたんだろう。

このまま仙台で、サラリーマンとして一生を終える。それでいいのかな……? ってね。

ついにコンビ結成。

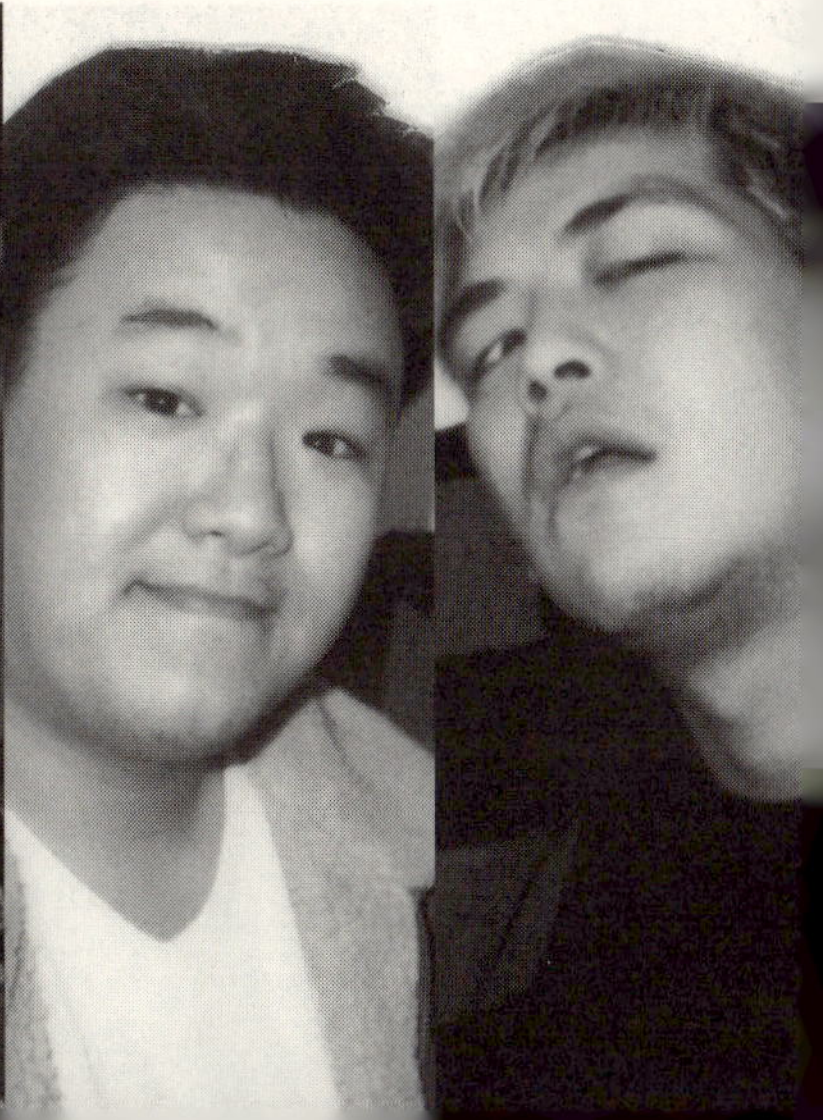

富澤たけし
やっぱり相方は伊達しか考えられない

1995年の4月から、コンビ『ゆやゆよん』として、僕は仙台夕やけ劇場の素人コーナーに立つことになった。

相方は、前述したとおり、中学時代の友だち。そいつも当時フリーターだった。伊達に「今は無理だ」と、コンビ結成を断られたから組んだ相手だった。

伊達以外なら、ひとまず誰でもいいかというのが、正直な気持ちだった。

相性は、まあまあ良い相方だった。同じラジオ番組を聴いてたし、笑いのセンスは、ある程度共有していた。「僕の言うとおりにやってくれ」と頼むと、彼は抵抗なく、その通りにネタをやってくれた。ただ、お笑い芸人として一生食っていく、という感じではないようだったし、僕も、ずっとそいつとやり続けられるとは思ってなかった。とにかく、伊達が仕事を辞めてくれるまで、僕は僕で、お笑いの下地をしっかりつくっておこうと思っていた。

素人コーナーの名前は〝虎の穴〟コーナー。プロのコンビのネタの合間に、オーディションで受かった素人たちが、1分間だけネタを見せるプログラムだった。ネタの出来が良かったら吉本のスタッフから連絡が来て、2分〜3分と、ネタ時間を長くもらえる。しばらくそうやって出番をキープしていると、プロのコンビの前に、1本の本ネタをやらせてもらえるような仕組みだった。

『ゆやゆよん』は、もうひと組とずっとしのぎを削ってる状態で、最後にはちゃんと本ネタをやらせてもらえるところまで上がることができた。素人の中では、優秀な方だったと思う。

このときの同期コンビが、現在の『ポプラ並木』。うちらのセンスとは違う、シチュエーションの練られたコントを見せるコンビ。後に、東京進出するタイミングも近くて、仲が良かった。

当時の仙台夕やけ劇場に来ていた芸人さんは、腕のたつ吉本の若手がそろっていた。『銀座7丁目劇場』(現在閉館)に出ている人たちが、そっちの舞台とかけもちで仙台に来ていた。DonDokoDonさんにロンドンブーツ1号2号さん、ココリコさんに品川庄司さんにペナルティさんに、はりけ〜んずさん、などなど。笑いの最前線で頑張ってる人たちばかりだ。

だけど当時は、今ほど人気はなかった。ロンブーさんが出演するときは客席も満席になったけど、それ以外はけっこうガラガラの状態だった。

山口智充さんは、特に素晴らしかった。間のとり方もギャグセンスも抜群。その他の若手のみなさんも、ギラギラしていて、刺激的だった。**素人時代に、才能ある芸人さんたちのネタを間近で見られて、貴重な勉強になった。**

仙台夕やけ劇場は、わずか1年ちょっとで閉館になってしまう。

客入りの悪さは、どうしようもなかったんだろう。仙台はお笑い不毛の地と言われるけど、本当にそうかもしれない。ポプラ並木みたいなコンビも育っていたし、レベルが低いとは思わないんだけど。もうちょっと、頑張って仙台に残しておいてほしかった。

劇場がなくなって、さてどうしようかと思ってたとき。『MYCALよしもと大博覧会in東京ドーム』っていう、今の『LIVE STAND』の、素人を対象にした大会の大がかりな全国オーディションが行われるという。

実はそのとき、コンビは解散状態だったんだけど、相方が「最後に1回だけ、ドームの舞台に立ってみたい！」と言いだし、僕も東京ドームでネタをやるのに興味はあったから、出場することになった。

さすが全国規模のオーディションだけあって、面白い連中がいっぱいいた。上位に選ばれたコンビは何組か、吉本や別の事務所に入って、今も活動してると思う。

僕ら『ゆやゆよん』はそこで、決勝の10組に選ばれた。

だけどそこ止まり。もしかしたら優勝もありか!?　って期待したけど、甘かった。

だけどもし、あそこで優勝していたら……。

確かなのは、初代『ゆやゆよん』の限界は、そこまでだったということ。

相方はコンビを去っていって、普通の仕事に就いた。

そいつとは、今でも連絡を取っている。「やるべきことは全部やったから、芸人には未練はない」って言っている。僕も、できるだけのことをやってくれたと感謝している。『ゆやゆよん』がなかったら、芸人としてのスタートをきってなかったんだから、忘れがたい大切なコンビだ。

そして。

ひとりになった僕は、伊達が来てくれるのを、ひたすら待った。

別の相方を見つけて、その場をしのぐようなことは、もうしたくない。あいつの「間とツッコミ」の技術が、隣に欲しかった。

高校時代にラグビー部のみんなをゲラゲラ笑わせた、太陽みたいな存在感とビジュアル。

そして同じ時間を過ごした奴だけが持ち合う、僕らの笑いの感覚を、コントに生かしたかった。

横に立つ相方は、伊達しか考えられなかった。

いっぱい笑える時間を、富澤と突っ走ってみるか

伊達みきお

富澤のコンビは、すごく面白かった。他のコンビが、当時の主流のワーワー押しまくる、しゃべくりコントだったのに対して、『ゆやゆよん』だけはボソボソしゃべる、独特の引き芸スタイルだった。ひいき目じゃなく、目立っていた。富澤の芸風に関して言えば、今のあいつのスタイルとあんまり変わっていない。

ＭＣも、今大活躍している大物芸人さんが、ふつうにネタをやっていた。ものすごい面白くて、こんな人たちが何で全国区で人気者じゃないんだ？　って思ってたら、たちまちみんなブレイクしていった。そんな人たちの中で、堂々とネタをやっている富澤はすげえなぁと思った。**ラグビーの仲間だったのに、別世界の人のように見えた。ちょっとまぶしかった。**

それでも富澤は、『ゆやゆよん』の当時の相方とずっとやり続けるつもりはなく、お笑い芸人を続けるなら、僕と組んでやりたいと言ってくれていた。

正直、迷惑な話ではなかった。

興味はあったから。

でも……富澤の描く「お笑い芸人で食っていく」というビジョンが、当時の僕には、なかなかリアルに迫ってこない。そんなので生活できるのか？っていうのと、地元の会社に勤めて何年か経っていて、仕事に対する責任感みたいなものも生まれていたし、僕がいなくなったら、周りの人に迷惑かけるんじゃないかとも思っていた。実際は、僕ひとりいなくなったって、誰も困らないんだろうけど、僕は根が真面目で小心だから。

それに、仙台生まれの田舎者の僕にとって、芸能界っていう世界が、あまりにも遠すぎたんだ。

だけど――。

お祖父ちゃんが亡くなったとき、何かが変わった。

大好きなお祖父ちゃんだった。亡くなる前は入院していて、僕も見舞いに行っては、介護用品を安くゆずってあげたりしていた。

小さいときから可愛がってくれて、いつもお小遣いをくれて、野球の話をしてくれたり、よく怒られたりもした。騒いでたら「うるさい！」って怒鳴られたり、家でゴロゴロしてたら「外に行きなさい！」って命令されたりして、怖かったけど、愛情はたっぷりあった。

そんなお祖父ちゃんが、入院先で、眠るように逝ってしまった――。80歳を越していて病気も長かったから、それなりに覚悟していたつもりだったけど、本当に死んじゃったとき、すごく悲しくて、涙が止まらなかった。

それと同時に、無常観みたいなものが心の中に湧いてきた。

人はいつか、消えちゃうんだ。

何をやってたって、最後は、眠るように死んじゃう。

だったら、好きなことをやって、生きていたい。

いっぱい笑って、楽しい時間を、全力で突っ走りたい。

そう思うようになった。

『ゆやゆよん』は、東京ドームの大きなイベントに出場して、けっこういい結果を残した。

その後に、コンビは解散した。

そして富澤は、すぐ僕に訊《き》いてきた。

「会社はいつ辞めるんだ？　コンビを組めるのは、いつだ？」

何度も訊かれた質問だったけど、このとき、僕はいつもとは違う返事を用意していた。

あいつの目を見て、はっきりと——。

「今でも間に合うかな」

富澤たけし

予測できなかったコンビの間のズレ

口説《くど》きつづけて3年。

ようやく伊達が、コンビを組むことを受け入れてくれた。

「やりたいことを、一度は試さなくちゃダメだからさ」

と言っていた。

父親の関係でなかなか会社を辞められなくて、退職するときは大変だったようだ。そして少し前に、お祖父ちゃんが亡くなっている。あいつなりに、いろんな心境の変化を乗り越えて、決断してくれたのだろう。

とにかく僕は、念願叶《かな》って伊達がこっち側に来てくれたことに、ホッとしていた。

ちょうどその頃。ポプラ並木のふたりが、自主興行のライブを一緒にやりたいと声をかけてきた。そのときに、「相方にしたい奴がいるから、出してもいいか」と訊いた。

そのときのライブが『忠志74』。ここが伊達の芸人デビューと言えるだろう。

しかし。

思わぬことで、ちょっと困った。

伊達は僕と同じことができて、笑いをすんなりつくれると思っていたんだけど、どうも違っていた。

ツッコミは確かに上手いんだけど、「あれ？　ここで来てほしくないんだけどな……」っていう、笑い的に戸惑う場面がいくつもあった。

僕の方が3年先に芸人の世界にいたからしょうがない部分もあったのだろうけど、何というか、**間が噛み合わないと感じた。**伊達には伊達の独特の間があって、それは普段しゃべってるときはすごく面白いんだけど、舞台上で表現すると、微妙にズレてしまう。

うまく言葉で言えない、感覚の世界だけど、こういうタイミングで入ってほしい！　ってときに、伊達のツッコミが来ない。

それは、**「僕と伊達の笑いは、別物なんだ」という発見でもあった。**前の相方は僕の世界を100パーセント再現してくれるタイプだったけど、伊達には伊達のやり方があるんだ、と気づいたのは、とりあえずよかった。でも違和感というか戸惑いは、消えてくれない。こんなはずじゃなかったんだけどな？　と首をひねることが、長く続いてた。

割と長い間、このズレは僕の中で埋まらなかった。それが後に、トリオ結成に踏み切ることにつながっていく……。

誤解されたくないが、伊達と組んだことを後悔していたわけじゃない。あいつのよく通る声と、ツッコミの鋭さは天性のものだ。やりたいコントの笑いの輪郭を浮かび上がらせてくれるし、僕の笑いのセンスもよく理解してくれていた。そういう意味では、やっぱり相方にしてよかったと思っていた。

ちなみにその頃、コンビ名はまだ『ゆやゆよん』のままだった。

ふたりでの最初の舞台は、仙台駅ビル『エスパル』のイベントスペース。

まったくウケなかった。

笑い声がクスリとも聞こえなかった。あれだけ笑ってくれないと、もう冷や汗も出ない。スベりの教本とでも言える、寒いステージだった。

そのときのネタは、ワールドカップをテーマにした漫才だった。なんで僕が代表に選ばれないのか？　みたいな話を展開していくネタ。スタイルは今のサンドウィッチマンと全然ちがう。ネタの完成度はそんなに悪くなかったと思う。今の技術で同じネタをやったら、けっこう笑いを取れると思うくらい。といっても、今頼まれても、絶対やらないけど。

このときの出番は、ガレッジセールさんやペナルティさんの前座だった。そっちはもう、割れんばかりに大ウケしていた。実際に裏で見ていても、本当に面白かった。さすがだなぁと思ってた。

このとき、伊達と東京に進出することを決めていた。

仙台にいても劇場はないし、芸人で食っていくのは無理だったから。その点、東京だったらチャンスはあるはずだと。腕のいい先輩方の前座で、きっちり笑いをとって、ガッと勢いつけたまま東京に行こうぜ！　という意気込みで、このときのイベントに臨んでいたんだけど……見事に出鼻をくじかれてしまったわけだ。

大丈夫か、僕ら？

——不安にはなった。

でも、ふたりとも、まだ若かったから、スベったことは「まあしょうがないか」とすっきり忘れて、伊達と一緒に、東京行きの深夜バスに乗った。

伊達みきお

夜行バスに乗って、東京進出

１９９８年。ついに僕は、富澤とコンビを組んだ。

そしてこの年、僕は会社を辞めた。

もちろん、親をはじめ周りにはいろいろ言われたけど、「やる！」って決めてしまったら、止められない性格だから、走った。

両親は、しばらくの間、芸人反対という姿勢のままだった。せっかく会社員として真っ当に生きてたのに、また親不孝に戻っちゃったな……って、内心は申し訳ない気持ちでいっぱいだった。

付き合っていた彼女も、複雑だっただろう。大きな農家の娘さんで、いつか結婚して、彼女の家で農業しながら一生過ごそうっていう未来図もあり、僕も、まんざらでもないと思ってたけど、「富澤とお笑いでやっていく！」っていう意気込みの方が、このときは強かった。まだ24歳。芸人のスタートとしては遅い方だけど、まだまだ若かった。

初舞台は、見事な、ドンズベり。

でも、そもそも**何が〝スべる〟ってことなのかさえ、当時の僕にはわからなかった。**そのときは、富澤のネタを間違えないよう、必死にセリフを追っていただけ。富澤は僕より3年先に笑いの世界に入ってたから、もっと冷静に分析していただろうけど、僕は舞台に立てたってことだけで、頭がいっぱいいっぱいだった。

富澤と一緒に、東京行きのバスに乗った。

ラグビー部の仲間とか友だちが、大勢見送りに来てくれていた。「頑張ってこいよ!」「テレビ見て応援してるから!」とか言ってくれた。今になって思うと、夢を追って東京に出て行く奴を、地元に残る奴らが見送るっていう、若者ならではのベタなシチュエーションに、みんな酔ってたフシもある。だけど青春ソングの歌詞の世界みたいで、ちょっとグッときた。

バスの中では、富澤と何を話したかな……。「売れてやろうぜ!」みたいな熱い話は、特にしなかった。

僕は正直、不安だらけだった。

何の保証もない、お笑いという世界で生きていける自信は、これっぽっちもなかった。自信になるような実績は何もなかったし、コンビとして活動したのも、ちょっとだけ。真剣に笑いの勉強をしたこともない……。

「ダメになったら地元に帰りゃいいや」っていう気持ちは、正直、大いにあった。誰かと大ゲンカして仙台を出て行くわけじゃなかったし、東京から戻っても、きっとウェルカムで迎えてくれるだろうって。たぶん富澤もそんな感じじゃなかったかな。

先のことはわからないけど、いけるところまで、いこう。ダメになったら、また仙台で仕事を探そう。

――このとき、気持ちの底には、まだ少し甘えが残っていた。

バスの中では富澤とミカン食ったり、ふたりで旅に出るような感じで、まったり過ごしていた。

家賃6万8000円、
男ふたりの同棲生活。

伊達みきお

これでいいのか!?　初めての芸人生活

東京暮らしは、富澤との同居から始まった。

都内の６万８０００円の１ＤＫアパートにふたり暮らし。まずは金が貯まるまで、ここで我慢しようなって、富澤と話し合っていた。

だけど金なんて1円も貯まらなかったから、結局一度も引っ越ししないで、２００８年まで同じ部屋で一緒に暮らしていた。

これじゃ〝付き合ってる〟と勘違いされても仕方ない。

めちゃくちゃ汚い部屋だった。掃除もしないし、日当たりも最悪。もともと窓から日はよく入ってたんだけど、僕らが来てすぐに、隣の家が増築したので、昼でも薄暗くなってしまった。また、物を片づけないもんだから、湿気がどんどん部屋にたまる。ネズミは出るし、女の子なんか絶対に入れられない部屋。10年近く住んで、女性で部屋に入ったのは、うちの事務所の後輩芸人とマネージャーだけじゃないか。ＤＶＤ『Ｍ‐１グランプリ２００７』の特典映像ロケで、当時の部屋を紹介した。タイムマシーン3号の関とか、若手の芸人さえもドン引きする有り様だった。

決して快適なアパートじゃなかったけど。

20代のすべてを過ごした、この世にひとつしかない、僕らのスタート地点なんだ。

東京に引っ越してすぐ、僕らは同期のコンビ、ポプラ並木を訪ねた。あいつらは先に上京していて、ホリプロに所属していた。それで事務所の人を紹介してもらって、ネタ見せをして、合格した。

ホリプロに預かりの形で、僕らの芸人生活がスタートした。

ポプラ並木はその頃、日本テレビの『電波少年』の企画〝電波少年的アルマゲドン〟のコーナーに抜擢《ばってき》されて、一気に売れていった。

一方、僕らはコンビ名を『ゆやゆよん』から『親不孝』に変えた。読んで字の如し、親不孝なふたりというので、当時の僕らにはぴったりだった。

同じ仙台出身のポプラ並木の活躍は、羨《うらや》ましかった。僕らもホリプロで売れていこうな、と思いたかったけど、致命的なことに、当時の事務所の新人育成システムと、まったく相性が合わなかった。

ここのシステムでは、毎週水曜の18時から、預かりの若手芸人全員が集まって、演出家の前でネタ見せをしなくちゃいけなかった。これがつらかった。演出家は、ホリプロの元芸人さん。かつてコンビを組んでいて、浅草キッドさんと同じ頃に結成し、活躍した有名な人だ。芸については、手加減なく厳しかった。とにかく、新人が何をやっても褒めない。芸人を褒めて伸ばすっていうやり方とまったく正反対で、こっちが本気でへコむことを、みんなの前で延々と言い続ける。「つまんない！」「下手くそ！」「やめちまえ！」って。

叱られるとかアドバイスをもらうっていうより、拷問、って感覚だった。他のコンビのネタまで見てなくちゃいけないのも、しんどかった。それがほぼ毎回、終電ギリギリの深夜まで続いた。**電車がなくなったら、ため息ついて富澤とふたり、真夜中の目黒をとぼとぼ歩いて帰ってた。**目黒から板橋の自宅までは、かなり距離がある。何時間くらい歩いたんだろう。

ネタは、台本を提出して見せなくちゃいけないシステムだった。それも新人には面倒くさかった。コピー代だって、タダじゃない。ネタが気に入らないと、平気で台本をビリビリ破かれた……。あの演出家さんは、笑いに対して、誰よりストイックで真面目だったということはよくわかる。今は役者をやってらっしゃるらしい。元『フォークダンスDE成子坂』の村田渚さんが2006年に急逝されたとき、演出家さんと葬儀で久しぶりにお会いした。僕らのことも、よく覚えていてくれた。昔は苦手だったけど、先輩として尊敬するところはいっぱいある人だ。

そのうち富澤は「あの演出家さんがいいっていう台本は、僕にはつくれない」とか、「このネタ見せシステムは、うちらには合わない」って悩みだした。僕もそうだよなぁと、同感だった。

そんなある日。

水曜の定例ネタ見せ会の直前、富澤と一緒にアパートを出たんだけど。全然、足が前に進まなかった。

「遅刻しちゃうなぁ」

「……そうだな」

「行くの、やめる？」

「うん。やめちゃうか」

って会話をして、アパートに戻った。

それ以来、今日に至るまで、一度もホリプロに行っていない。

ということで、『親不孝』はこのときをもって、ホリプロを辞めてしまった。

ところが、後で聞いたんだけど、あの日、演出家さんは珍しく機嫌がよくて、

「よし、今日はまともなコンビから順番にネタをやっていこう。トップバッターは、『親不

孝』！」

って言ったらしい。

そこで誰かが「あいつら、サボりました」って言ったら、演出家さん、ガクッとなったそうだ。一応、彼の中では、そこそこ認めてもらっていたんだなと、後になって思った。

富澤たけし

理想の笑いにたどりつけない

僕は生まれたのが東京で、夏休みになれば親戚の家に行ったり、何度も上京していたから、東京生活スタートにあたって特に懸念することはなかった。食えないときは親戚の家に行ってご飯を食べさせてもらおうとか、ずるいことも考えていた。地方出身の若者によくある、不安とか怖さは薄かったかもしれない。逆に、**そういう危機感のなさが、芸人生活の低迷に響いてくるんだけど……。**

１９９８年、伊達とふたりで都内のアパートで暮らし始めた。

狭苦しい１ＤＫで、日当たりもよくない。お世辞にもいい部屋とは言えないけど、とにかくここが、僕らの東京進出スタートの場所。最初の頃は、それなりに覚悟があったから、気持ちだけは熱かった。

「３年間は頑張ろうぜ。仕事をいっぱいこなして、結果をだして、いつかお互いにでっかい部屋を別々に借りよう！」

と伊達と話した。

しかし、仕事も結果も得られることなく……結局10年間、この部屋で過ごしてしまった。

このとき、僕は、伊達にある約束をした。**勝手に約束をした。ノートの切れ端に7つの公約を書いて、トイレの壁に貼《は》った。**それは、ついこのあいだ引っ越しをするまで、10年間、ずっとトイレの壁に貼られたままだった。――それについては、恥ずかしいから、ここでは言わない。じゃあどこで言えるのかというと……本書「あとがきにかえて」にて。

とりあえずホリプロ預かりの形で、コンビ名を『親不孝』に変えて、芸人活動を始めることになった。

貯金がそんなにないから、ネタを磨くより先に、まずバイトしなくちゃいけない。最初はまたまたピザ屋に面接に行った。後で聞いたら、そこはある先輩芸人さんがバイトしていた店らしい。ただ、僕としてはどうも感じの悪い店で……辞めた。

次はヒマそうなファミコンショップを狙った。そこだったら、手の空いた時間にネタも書けて、いいだろうと。だけど、僕の入った店は大手チェーン店で、商品は大量にあるし、仕事が大変。トレーディングカードもたくさんあって、そんなの全然興味ないのに、扱い方をちゃんと覚えなくちゃいけなくて……面倒くさくて3カ月で辞めた。

芸人活動としては、ホリプロのライブにいきなり出させてもらった。そこではあまりウケなかった。スタートはよかったけど、後が全然、続かなかった……。

預かりの新人は、全員そろって毎週水曜、事務所へネタ見せに行かなくちゃいけなかったのだけど、これが、かなりの苦行だった。

そこのネタ見せのシステムが、嫌で嫌で……。何をやっても、褒めてくれない。文句をガンガン言うだけ。一応いろいろアドバイスもくれるんだけど、ライブにも出られなくて、キツかった。

そのとき、すぐ上にアリtoキリギリスさん、フォークダンスDE成子坂さんなど有望な先輩がいて、あそこを目指すぞ！　っていう刺激もあった。預かりの新人グループには、M-1準決勝にも上がっている漫才コンビもいた。ここで踏ん張れば、僕らも売れるチャンスを手にできるかもしれないと思って頑張った。

ホリプロでのネタ見せでヘコまされながらも、僕らも早くコンビとしてガッと名前を上げたい！　という野心はあったんだ。

だけどクリスマスの時期。**心がぽっきり折れて、仙台に帰っちゃったことがある。**

たしか伊達も帰ったんじゃないかな。町は楽しいクリスマスなのに、僕だけちっとも楽しくないじゃんって……。若者だったからね。1カ月ぐらい、仙台でのらくら過ごしてた。

でも、これじゃダメだ！　と、気づいて、すぐ東京に戻った。

結局、ホリプロを離れた、というか逃げ出した僕らは、所属事務所のないフリーのコンビになった。

ネタ見せを、新人みんなの前でやるスタイルも、僕は納得いかなかったんだ。そこで笑いなんて起きるわけないし、**客前でネタをやらないで、何を判断するんだって思っていた。**だから、フリーになったことに何の後悔もしていない。

そこで、またコンビ名を新しくした。『銭《かね》と拳《こぶし》』。

何か強そうじゃん？　っていうノリで決めたと思うんだけど……ひどい名前だ。

ネタでは、この変な名前でひとつかみできるだろうって思っていた。この頃は、まだまだとんがってたというか、何事も深く考えないで、直感で動いていた。

といっても、ただ適当にやってたわけじゃない。僕らの笑いで貫き通す！　という意地はあった。**他人の意見を取り入れるより、僕と伊達が面白がれるものじゃないと、やっていけないと。それは今に至るまで、変わってない。**

だからといって、僕らがどこよりも面白いコンビだ！　っていう自信は、そのとき全然なかった。

何かが違う。「面白い」というものはわかってるんだけど、そこに首尾よくたどりつけない。

方法なのか？　スタイルなのか？　もっと感覚的なものなのか？　**いったい何が、ズレてるんだろう？**

……ネタをやってる最中も、違和感がずっとまとわりついてて、気持ち悪かった。出口の見つからない、模索の時代だった。

伊達みきお

僕の2度目の青春時代

僕らは所属事務所のない、フリーのコンビとして活動を始めた。

心機一転で、またコンビ名を変えた。新しい名前は『銭と拳』。

結局世の中はカネとコブシがあればＯＫだ！　というので、僕が決めた。銭担当が僕で、富澤が拳担当。見た目の雰囲気で、役割をふり分けた。……って、この説明をしてみると、本当に売れる気があるのか、ってぐらい適当な付け方だってのが、今さらながらよくわかる。当時はけっこう、気に入ってたけど。

コンビ名とかタイトルとか、コンビの仕事のネーミングはだいたい僕が決める。あいつは名称とかに、興味ないらしい。『ゆやゆよん』は別にして、あいつ発信の冠名は、ほとんどなかったと思う。２００８年から仙台でスタートした、サンドウィッチマン初の冠番組『サンドのぼんやり〜ぬＴＶ』も、僕が決めたタイトルだ。

さて。

『銭と拳』に改名したものの、芸人の仕事は、ほぼゼロだった。

1年くらいは、知り合いのツテでライブに立たせてもらう程度。その間、漫才のテープを家でつくって、いろんな事務所の住所を調べて「聞いてください！」という手紙を付けて送っていた。頑張って営業活動していたけど、どこの事務所からも声はかからなかった。ただひたすら、毎日、アルバイト生活……。


ここからが、芸人のどん底時代のスタートだった。


バイトは、3つかけ持ちしていた。いつライブに呼ばれてもいいように、全部登録制の力仕事にしていた。腕力はそこそこあったから、力作業は苦じゃなかったけど、製本のバイトはキツかった。ベルトコンベアでガーッて流れてくる本をケースに入れる作業を延々繰り返すっていう仕事。腕も足もパンパンになった。

金は全然なかった。

慢性的に貧乏だった。

ポケットに100円しかない日なんて、しょっちゅう。そういうときは、もやしを買って、ザーッと塩コショウで炒めてご飯に混ぜて食った。電気をマメに消したり、先輩におごってもらえそうな飲み会には必ず出て行ったり。節約術なんて気の利いたものじゃない。そうしないと生きていけなかった。

だけど消費者金融には、走らずにすんだ。

恥ずかしい話だけど、親がお金を定期的に貸してくれていた。仙台のラーメンとか食料品を、アパートによく送ってくれていたし。親不孝な息子を、こんなに気にかけてくれて、感謝しかない。今、せめてもの恩返しで、少しずつ、お金を返している。

それに、**富澤とふたりで暮らしていることで、精神的に助けられた。**フリーの自称お笑い芸人。芸人収入はほとんどゼロで、慢性的に貧乏……。こんな男が、もしひとり暮らしだったら、早々に仙台に帰ってただろうと思う。

家の中に、とりあえずしゃべり相手がいるって環境は、そこそこ気がまぎれる。何もすることがない日は、ラジカセを持ち出して、富澤とふたりでパーソナリティトークを録音して、後で聞いてゲラゲラ笑ったりした。それだけで救われる部分は確かにあった。

生活はどん底だったけど、気持ちはまあまあ満たされていた。

僕らは笑いをやってるんだ！　芸人で上を目指しているんだ！　という意識が僕にも富澤にもあったし、何の目的もないフリーターじゃないんだぜっていう誇りみたいなものはあった。

将来の見通しとかについてはあまり考えず、ただライブのネタの稽古だけは、怠らないようにしていた。

笑いの仕事は少なかったけど、気持ちだけは熱かったな。
僕にとっては、この頃が、２度目の青春時代だったかもしれない。

富澤たけし

トリオ結成で見つけた、ひとつの限界と、笑いの完成形

そんなとき、同期の芸人、浜田ツトムが、自分のコンビを解散して、「一緒に組ませてほしい」と言ってきた。

僕も伊達も、基本的にボケるタイプだった。じゃあツッコミの浜田を入れたら、新しい笑いが成立するんじゃないかと、閃《ひらめ》いた。もしかしたら、僕の感じている違和感を消せるかもしれない期待をこめて、トリオを結成した。

トリオとして、名前を新しく変えることにした。

サンがついた方がいいというので、『三途の川』『三角関係』『サンドウィッチマン』の候補が挙がった。

消去法で、『サンドウィッチマン』に決定した。

これもよくわかんない名前だけど、三途の川よりはいいんじゃないかと。繰り返すけど僕はネーミングにこだわりはないから、それでいいやと、決まった。

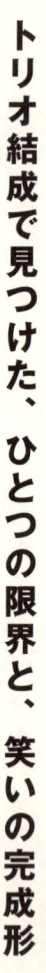

１９９９年、新人ライブ『ホラ、革命だよ。』に出演した。

このライブにレギュラー出演することになって、以後８年ほど世話になった。

そんなわけで、１９９９年から、新たにトリオ・スタイルでの笑いに取り組んだ。同時に映画の役者や演歌歌手を擁する某芸能事務所に、所属することになった。

トリオになって、そこそこライブで笑いは取れていた。３人組の若手芸人は珍しい時代だったし、大きなイベントに呼ばれたこともある。ライブでの仕事は、まあまあ順調だったと言えるだろう。

けれど、**解消できると期待していた、笑いの違和感が、まったく消えなかった。**

どんなに稽古しても、ウケを取れても、何かがしっくりこない。ネタを終えて「ありがとうございました！」って頭を下げて舞台からはけるときも、何か不完全燃焼した気持ちを抱えていて、「いや待て、もう一回やろう」って、伊達と浜田に言いたい気分だった。

何でだろう？

この違和感は何だ？

どうして解消できないんだ？

って、僕だけ悶々と悩んでいて——トリオ結成して10カ月ほど経った、あるとき。

天啓のように、気づいた。

「僕と伊達で、笑いもボケも全部やればいいんだ！」

つまり**僕は、役割分担にこだわりすぎていたんだ。**

誰かがボケて、突っこんで、笑いのストーリーをつくるっていう、ベーシックなフォーマットが、サンドウィッチマンに合わなかったんだ。

伊達がボケたっていいし、僕がツッコんでもいい。途中で入れ替わっても構わない。笑いの取れるタイミング優先で、役割は決めこまない。そっちの方が、サンドウィッチマンの笑いの精度は上がる。

長く抱いていた違和感は、これだったのか。今のスタイルが窮屈だったんだ。はからずも、浜田という男を参入させることで、浮き彫りになった発見だった。

あいつは決して、芸人の才能のない奴じゃない。勘もいいし、笑わせどころを見つけるのが鋭い。だけど僕と伊達のボケを、スルーすることがしょっちゅうあった。そこでツッコんでいたら確実に笑いになっていたのに。でも指摘しても、あいつは「何が？」ってキョトンとするだけ。これはもう**〝「同級生」という呼吸〟の問題で、どうしようもなかった。**

浜田には申し訳ないけど、**僕と伊達で世界をつくればいいんだと。**ボケとツッコミの仕切りを曖昧にする、ふたりでの見せ方が、サンドウィッチマンの笑いのベストのスタイルだと気がついたのだ。

パーソナリティの違う男をひとり入れることで、僕はひとつの完成形を見つけることができた。そういう意味で、本当に浜田に感謝している。

トリオでは1年ぐらい活動した。そして浜田に、脱退という形で抜けてもらった。

あいつもたぶん、僕らと一緒にやってくことに、限界を感じていたはずだ。今は別のコンビを組んで活動している。昔の仲間として、応援している。

伊達みきお

混迷のトリオ時代

「サンドウィッチマン」のトリオ時代は、僕も富澤も、自分たちの笑いのスタイルがまだ見つけられていなくて、模索の時代だった。

トリオでのネタは、富澤が主導でつくっていた。3人で稽古して、舞台に立っていたんだけど、どうも、やってる方も、見ている方もしっくりこなかった。

よく周りから言われていたのが、

「サンドウィッチマンは富澤が死んでる」。

舞台では、僕と浜田の掛け合いを、富澤がただボーッと眺めているだけに見えたらしい。だけど笑いの中心を担っているのは富澤だ。

やがてトリオの内部で、妙な歪《ひず》みが生じてきた。

僕と富澤の関係が深すぎて、浜田はこっちの呼吸がつかめてない。反対に僕らは、浜田の呼吸がよくわからない。どんなネタをやってても、そういう小さいイライラが生まれては積み重なっていって……何度か、後味の悪い言い争いをやっちゃった。**どうしたら埋まるのかわからない違和感が原因で揉《も》めるもんだから、最悪だった。**

浜田は、自分でもネタを書く奴だった。一時は富澤とふたりでネタづくりしていた。そういうとき、僕がこうしたらいいんじゃない？　って言っても、「違うよバカ！」って、ふたりから反論される。富澤とコンビのときは、あんまりそういう拒絶のされ方はなかったから、ムッとしたね。何だよ、お前らはって。

３人でうまくやってく方法が、わからない。

言い争いになっても、出口が全然、見つからない。

そんな時間が無為に過ぎるだけで、僕も富澤も、どんどん疲れていった。

どうしたらいいのかって……しばらく悩んでる期間が続いた。

でも、お笑い芸人としては、サンドウィッチマンはそこそこ知名度が上がり始めていた。上野での水上公園のイベントには、ものすごい数のお客さんが来ていた。ライブでは、笑いもかなり取れるようになっていた。お客さんの反応とか手ごたえを、少しずつ、僕は舞台上で感じられるようになっていた。

余談だけど、**僕らの追っかけファン〝小島さん〟が、初めてライブの客席に現れるようになったのも、この頃だった。**

〝小島さん〟は、宇都宮に住んでいるファンの一般人男性。最初は『さまぁ〜ず』さんの、『バカルディ』時代からの追っかけだったらしい。でも当時の僕らのネタを見てハマッたみたいで、それ以来、サンドウィッチマンのスーパー追っかけ。

あんな時代に、よく目をつけてくれたなって思う。そこから現在に至るまで、小島さんは、定期ライブのほか、地方の営業まで、欠かさず見に来てくれている。文字通り「欠かさず」だ。「小島さんっていったい何人いるんだ⁉」って言いたくなるくらい、サンドウィッチマンの出るところ、ありとあらゆるところまで見に来てくれる。国内の各地のライブに、神出鬼没、というより皆勤賞。単独ライブDVD『サンドウィッチマン単独ライブ2007〜新宿与太郎哀歌〜』にも、チラッと出演してもらった。うちらのファンの間では、かなりの有名人だ。

変わり者だなって、富澤とネタにもさせてもらってるけど、本当はすごく感謝している。まだ無名だった僕たちを、誰より早く応援してくれた人だからね。**サンドウィッチマンにとって、生き神様のような人だ。**

こうして、サンドウィッチマンの知名度が上がるのに反比例して、トリオ内の関係はどんどん悪くなっていってしまった。

僕としては、何とか3人でやれるベストのスタイルがあるはずだと考えていたんだけど……難しかった。浜田に「サンドウィッチマンをやめてくれないか」と話したとき、あいつは、特に驚きもしないで、淡々と聞いてたような気がする。２０００年、サンドウィッチマンから浜田が脱退する。

トリオから、再度コンビに戻って、名前をどうする？　となった。

二人になったし、『バイキング』などが候補に挙がったけど、何かピンとこない。

富澤が名前にこだわりがない奴だから、「別に変えなくていいんじゃない？」って言うので、今のままでいこうと決まった。

ここからが**いよいよ、漫才コンビ・サンドウィッチマンの出発だ。**

富澤たけし

舞台にふたり、お客さんもふたり。図太さを身につけた修業時代

2000年、サンドウィッチマンは、いよいよコンビとしてスタートする。

ネタづくりは基本的に僕が担当する、というスタイルは変わらなかった。今でもそうだ。伊達もネタをつくるけど、だいたいのストーリーと設定は、僕が決めている。ツッコミの部分だけ空けて、あいつに渡す。でも、あいつは本番で、稽古のときにしない、アドリブの言葉を足してくることがある。間が狂っちゃうし、こっちが笑わされるときがあるから、やめてくれって言ってるんだけど、やめない。まあ、あいつのやり方だからしょうがない。

伊達は、典型的な、褒められて伸びるタイプ。親や周囲の人から、たくさん愛されて育ってきたのが、よくわかる。そういう育ちだからなのか、トークの場でも周りに気遣いができるし、気の利いた返しも上手い。僕はまったく逆。アドリブトークで笑いを取ろうとしないし、**自分が褒められることに喜びを感じない。**僕の〝ネタが褒められる〟のは、大いに嬉しいけれど。僕自身がカッコいいとか、面白いとか言われても、特に嬉しくない。**その言葉は**

伊達に言ってやってよ、と思う。こんなこと言ってるからか、伊達からは「お前は難しい性格だな！」って、よく言われる。


当時は、芸人収入は、ほとんどゼロだった。

コンビとしてベストのスタイルを発見したのはいいけれど、収入には反映されなかった。ライブでは新人にチケットノルマがあったし、たまにギャラが出ても１０００円ぐらい。ゲストで他事務所に呼ばれると５０００円もらえることもあったけど、それも年にほんの何回か。ネタをやってギャラと呼ばれるようなお金をもらえるようになったのは、ずーっと後に、テレビに出るようになってから。それまでの生活は、ずっとバイトで支えていた。

いろんな地方営業に行った。だだっ広い客席に数人だけ、なんてザラだった。

群馬の余興場に呼ばれたときは、客が２人だった。舞台上もあっちも、２人しかいねえよって。そしたらネタの最中に、客席のベンチで寝ていたお婆ちゃんがヌーって起きて現れた。「わっ、３人になりましたね！」「急に賑《にぎ》やかな会場となりました！」って、いい加減なこと言ってた。

宴会場での営業も、よくやった。

兵庫県の城崎温泉での仕事で、モノマネの芸人さんの前座をしたときのこと。集まった客は名産のカニを食べながら、僕らのネタを聞いていた。だけど、カニって身をむきだしたら手が止まらないでしょ。こっちが必死にネタをやってるのに、宴会場にはカニをむくパキポキ、ズルペチャっていう音が、ずーっとしてる。誰もネタを見ないし、クスリとも笑ってくれない。**「ウマイ!」「最高!」って声はたまに聞こえたけど、それってカニ肉に対してのコメントだったから。**僕らの漫才は、カニの味に負けてんのかって……。情けない現場だった。

地方の営業って、お客さんは年配の方が多い。一度、どこかの町のビンゴ大会の司会に呼ばれた。会場を見回したら、本当に高齢のお爺ちゃんお婆ちゃんしかいない。ビンゴカードをみんなに配ったんだけど、ルール知ってんのか? 大丈夫? っていう感じだった。ビンゴボールの数字が出るたびに、僕と伊達で読み上げたんだけど、一向にビンゴが出ない。「まだ出ませんか?」「リーチの人も手を上げてくださいね!」って言うんだけど、みんなカードをにらんだまま。

ふと気づいた。

「あの、真ん中の『FREE』っていう部分は、最初に開けてくださいね!」

そしたら、会場中のほとんどのお爺さんお婆さんが、「ビンゴーーーーッ!!」って一斉に手を上げた。FREEって数字が出るのを待ってたわけだ。

大手事務所だったら絶対に断るような、ヤバい筋の人たちの会合にも何度か呼ばれた。スタッフとして働いてる人とか、すごく礼儀正しいんだけど、客席の空気たるや、とんでもなかった。スーツ姿のいかつい人たちが、鬼みたいな顔でぎっしり座ってて……。偉い人が、「おつとめ」から戻ってきたお祝いの席か何かで、ネタは一応やったんだけど、笑いが起きるはずがない。そりゃ笑ってる場合じゃなかったんだろう。だからって、お笑い芸人を呼んでおいて、あの緊張感は勘弁だ。**キンキンに冷えた汗が、だーっと流れた。**見ると伊達も青い顔で、すごい冷や汗かいていた。とにかく、「おめでとうございます！」「いやあ、めでたいですね！」ってバカみたいに何十回も繰り返してた覚えがある。なんとか終わらせて帰ろうと思ったら、何台もの警察車両が建物の周りをぐるーって囲んでて、ものものしいったらなかった。伊達と一緒に、ダッシュで逃げた。

まさに修業時代だった。

おかげで、**歓迎されていない空気の中で、漫才をやることにはすっかり慣れてしまった。**

お前ら売れてない、つまんない芸人でしょ？　っていう空気の中でネタをやるわけだから、相当、舞台度胸は鍛えられた。どこでも動じない、図太さと筋肉はしっかりついたと思う。

だからM-1の決勝の舞台では、規模のでかさには圧倒されたけど、ネタ自体ではそれほど緊張しなかったよ。

伊達みきお

彼女と結婚できなかった切実な理由

2001年から2004年までの4年間は、上京直後の生活を下回る、**さらにどん底の日々だった。**

お笑い芸人を目指して東京に来たっていうのに、「お笑いをやってます！」と胸を張れるような仕事はほとんどない。仕事は、地方の営業とかライブばっかりで、テレビからは一度も声がかからなかった。

ひどい営業仕事も、いっぱいやった。お客さんがほとんどゼロの屋外ステージでやる漫才もザラだった。お客さんが大勢いても無名だから、「誰だお前ら？」という空気が当たり前。客席にウェルカム感なんて一切漂わない、という現場ばかり。舞台度胸を相当鍛えられた時代だ、と今だから言えるけど、でもやっぱりつらかった。

所属事務所が、実力派の役者さんも在籍しているところだった関係で、あるとき、チンピラの下っぱ役の役者仕事が入った。僕は昔から任侠《にんきょう》映画が大好きで、Vシネマに出てみたい！　って言い続けていたから、ひとつ念願が叶った。

初めての撮影現場は緊張した。スタッフも演者も、お笑いとはまったく空気が違っていた。サンドウィッチマンのふたりで出させてもらったんだけど、**セリフは「組長！」のひと言だった。それでも嬉しかった。**劇場公開作品ではないにしろ、映像で形になって残るから。仙台のみんなにも見てもらえるものだし。打ち上げの席で哀川翔さんとツーショットで撮ってもらった写真は、今も宝物だ。

しかし、本業のお笑いは、さっぱり芽が出なかった……。

相変わらず、仕事と言えば地方営業か、小さい箱でのライブばっかり。ちっとも名前が売れてないから女の子にもモテないし、派手に女遊びしている芸人仲間を見ては、ため息をついていた。羨ましいっていうよりも、**「職業・お笑い芸人」として認めてもらえない自分らが情けなかった。生活するためにバイトの時間を増やすっていう悪循環。**僕ら、何やってんだろうって……。

笑いに対して頑張ってはいたけど、空回りが続いていた。

いや、空回りしていたわけではなく、実は本気で取り組んでなかったんだと思う。

富澤にネタをつくらせて、だらだらライブをやって、適当に稽古して舞台に立って、営業先の文句を言って……。気持ちが入っていなかった。

そうこうしてると、あっという間に三十路《みそじ》が目の前にやってきた。

すると、19歳から付き合っていた仙台の彼女との関係が、まずくなってきた。

彼女は「結婚はどうするの？」と聞いてきた。もちろん、当時の僕は彼女と一緒になりたかった。東京に出ていった僕を、辛抱強く応援してくれた。つらい下積みの毎日を何とか耐えられたのは、彼女の存在があったからだと言っていい。お互いの両親にも、挨拶は済ませていたし、結婚する心の準備は、すっかり整っていた。

だけど、僕は踏み切れなかった……。

30歳を前にして、彼女は「女と男の30歳は違うの。女は子どもを産んで育てなくちゃいけない。女の方が、リミットを迫られるのは早いんだよ？」って言った。彼女と僕の子どもを想像したとき、心は大きく揺らいだ。地元に帰って、彼女の実家の農業を継いで、家族みんなで慎ましく生きていく人生も、素晴らしいんじゃないかって——。

悩んだ。人生で一番、悩んだ時期かもしれない。

だけど、やっぱり、このままお笑いを中途半端では、終わらせられない。

富澤と一緒に、サンドウィッチマンで、胸を張れる何かをつくりだせるまでは、家族を持つことはできない。

カッコつけるわけじゃないけど、あのとき結婚したって、彼女に苦労させるのがわかっていたから……。

芸人の収入としては年間で数万円程度だったし、借金もあった。バイトも日雇いばっかりで、どこかに就職する気もない。同級生たちはみんな家族を持って、会社でも着々と実績をあげて、人生を積み上げている中で、僕はまだ、仙台で夜行バスに乗った瞬間から、ほとんどステップを上がっていなかった。

中途半端だった。何もかも。

そんな状態で結婚したって、きっと一生、心にわだかまりを残していただろう。

僕は、どんな貧しい生活でもいいっていう覚悟はあったけれど、彼女を貧乏暮らしに巻き込みたくはなかったんだ。

結局、僕らは別れた――。

10年間の交際を、僕のわがままで終わらせてしまった。

落ちこんだ。

しばらく、笑えなかった。何をやってても、暗い気分が消えなかった。立ち直るのに、１年ぐらいかかったんじゃないかと思う。

今になって、ふと、もしあのとき彼女を東京に呼び寄せて、「貧乏だけど結婚しよう！」って言ってたとしたら、どうなってたかなと思う。

そうしたら、彼女との人生を優先して、サンドウィッチマンをやめていたかもしれない。それはきっと、僕にとって幸福じゃないだろう。

彼女よりも富澤を選んだってわけじゃない。……おっと、これは、言葉にすると気色悪いな。

富澤の才能に、芸人として惹《ひ》かれていたのは確かだった。あいつとコンビをやることに魂をかけることの方が、僕には大事だったんだ。

本当に、富澤って野郎は、僕の人生を狂わせてくれる。

あいつと出会わなかったら、今頃、気のいい仙台のオッサンとして平凡に暮らしていたはずだ。

富澤は、僕の元彼女とも友だちだったから、何回かメールのやりとりをしていたらしい。別れた顛末《てんまつ》もすべて知っている。そのとき「別れたのは、僕のせいかな……」って、ちょっと責任を感じていたようだ。

でも、そんなことはない。

富澤という存在があったにしろ、**すべてを選んだのは僕自身だから。**

彼女と別れたのはつらかったけど、逆に吹っ切れた部分もある。
そこからは、より真剣に、笑いに人生をかけよう！　って思うようになれたんだ。

富澤たけし

真夏に起きた、伊達のトイレ軟禁事件

所属事務所の力で、役者の仕事もさせてもらった。Vシネマに、やくざ役で出たのが最初だった。哀川翔さんを間近で見たときは、感激した。芸能人が側にいる！　って。特に伊達は哀川さんのファンだから喜んでた。

役者をやったとはいえ、収入には全然ならない。相変わらずバイト、バイトの日々だった。一番長くやっていたのは、結局、仙台時代と同じ、駐車場の管理人。肉体労働も接客業も自分には向いてないから、極力誰とも関わらず、また空いてる時間にネタがつくれるバイトとして、気に入っていた。でも近所のヒマなおっさんとかが、しょっちゅう話しに来るのが面倒くさかった。

バイトの給料は10万円ぐらいだった。伊達と折半の家賃を納めて、あとは適当に遣っていた。タバコを吸うくらいで、遊びに行くことも趣味もなかったから、極貧っていう感じはなかった。よく、若手芸人時代に、道に生えてる葉っぱを食ったとか、冷蔵庫の腐った生モノを食べて救急車で運ばれたなんていう貧乏話を聞くけど、そんな悲惨な暮らしではなかった。実家の母親は仙台の米を送ってくれたし、腹が減ったら東京の親戚の家でご馳走《ちそう》になって、肉をもらって帰ったりもした。決して金持ちじゃなかったけど、飢えに苦しんだ経験はない。貧乏だったっていう感覚は、僕の中にはない。

伊達とふたりで暮らしていたことも大きいだろう。**外で嫌なことがあっても、家に相方がいたら気が紛れる。**精神的なトゲトゲが、家に誰かひとりいるだけで緩和されるんだ。

暮らし始めた最初の頃は、お互いイライラすることもあったけど、「生活に干渉しない」っていう暗黙のルールができてから、ふたり暮らしも楽になった。

男ふたりだから、いろんな笑い話がある。

引っ越してきてすぐ、トイレの扉が壊れた。ボロいアパートだからしょうがない。直すタイミングが見つからなくて、しばらくそのままにしておいた。

ある夏真っ盛りの日。伊達がトイレに入った。すると、ガチャッ！　ってカギが壊れて、出られなくなった、らしい。あいつは中でいろいろもがいたらしいけど、どうにもならなかった、らしい。修理代がかかるから、トイレの扉をぶっ壊すわけにもいかないし、それで伊達はトイレの扉のはめ殺しの小窓をパリンッ！　って割って、そこに口をあてて「富澤、起きろー！」「たすけてくれー！」「おーい、暑くて死んじゃうよー！」って言い続けてた……らしい。「らしい」っていうのは、僕はちっとも気づかなくて、グーグー寝てたからだ。**伊達がトイレでわめき続けてたら、上の階に住んでる人が「事件が起きてる!?」みたいに騒ぎ出したんだとか。**ヤバいと思った伊達はそのまま黙って……6時間、トイレでうずくまってたんだ。真夏だから、中は相当、暑かったと思う。換気扇はないから、40℃ぐらいあったんじゃないかな。水分とか、どうしてたんだろう。まさかとは思うけど……？　いやいや、今さら聞けない。

で、6時間経って、僕が起きた。トイレに行こうとして、扉を開けた。その扉、外からは簡単に開いたんだ。

そうしたら、**トイレの中で、伊達がぐったりのびてた。**

「何やってんの？」

って聞いたら、伊達が怒った。

「何やってんのじゃねえよバカ！　閉じこめられてたんだよ、早く気づけ!!」

って怒鳴られた。

ほかにも、ガスが切れたり壁が崩れたり、部屋中いたる所にガタが来た。でも、大家になかなか相談できないんだ。僕ひとりが住んでるという契約だったから、伊達が転がりこんでるのがバレるとマズい。

家賃が遅れたりして、大家が予告なく家に来るときがあった。たまたま僕が外出してて、伊達が玄関に出ると、大家に「あれ、富澤さんの部屋でしょ？」って怪しまれたこともあった。するとあいつは「ああ僕、たまたま遊びに来てんですよ」ってトボけてごまかしたらしい。でもそういうのが何回も続いて、あるとき大家に、「あんた住んでるでしょ!!」って詰め寄られてからは完全にバレて、開き直った。

売れない芸人のたまり場になってたこともある。一緒の舞台に立ってたライブ仲間とかも、よく遊びに来ていた。深夜までギャーギャー騒いでるから、玄関の外に「うるさい！」って、大家に張り紙されたこともある。

ポプラ並木の青木が、『電波少年』の企画から逃亡したのを覚えているだろうか。番組内では明かされなかったけどあのとき、青木が潜伏していたのは、実はウチだった。

モノは多いし掃除もしないし万年床だし、汚いことこの上ない部屋だけど、男が集まってホッとできる、妙な波動が出ていたのかもしれない。僕も伊達も、狭いだの汚いだの言いながら、どこか快適だったから、10年も暮らせたんだろう。

さすがにM‐1での優勝以降は、いただき物がどっと増えたり、整理できる状態じゃなくなった。これじゃ、仕事で家に来るマネージャーにも迷惑だろうと。

2008年に、ようやく引っ越した。

だから、そこをもう去ってしまったけど。

舞台衣装とゴミといただき物と、どこから迷いこんできたのかわからない謎の物体、ボロボロの生活用品がいっぱいの——金では二度と手に入らない、修業時代の思い出が詰まったアパートだ。

だからといって、いつまでもあそこにいたかったとは、微塵《みじん》も思わない。火事でもあって燃えちゃっても、悲しくもなかっただろう。アパートを出られたときは、正直、ほっとした。

サンドウィッチマン、
最大のピンチ。

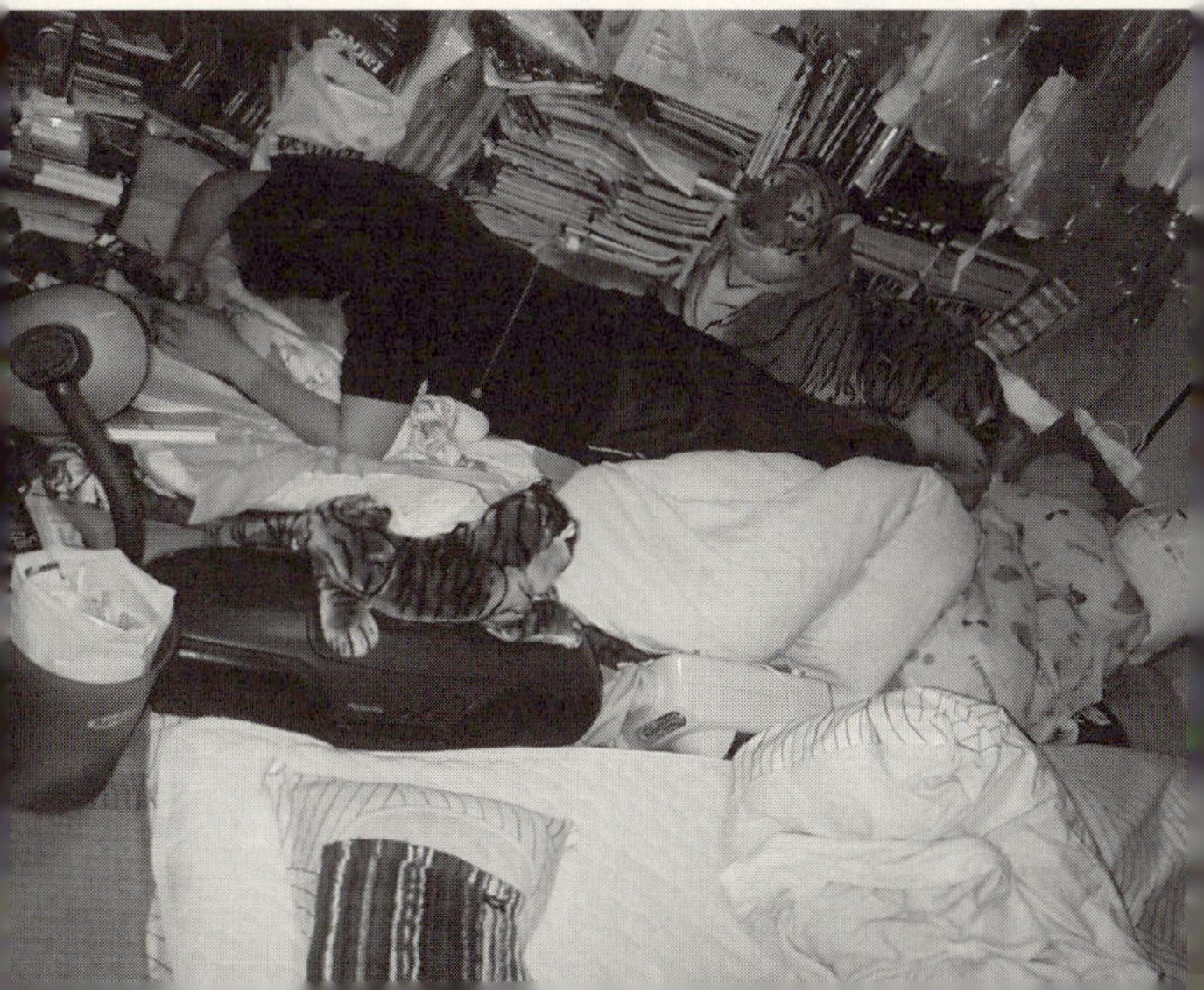

伊達みきお
富澤が自殺!?

そんな中。

富澤の方が、どうも調子が良くなかった。

あいつは根が暗くて、自分の内にこもるタイプだ。僕みたいに外向きの性格じゃないから、悩みを全部溜《た》め込む。一度、鬱《うつ》っぽくなっちゃうと、僕にはどうしようもない。

2003年頃だったろうか。あいつがうんうん唸って、家で寝こんでいたことがある。どうしたんだろう？　って思いながら看病してやってた。ちなみに、僕と富澤のどっちかが体調を悪くしたとき、面倒見のいいのは僕の方。鍋をつくってやったり、ゼリーを買ってきたり、**割と甲斐がいしく世話してやる。**逆に、富澤の方は全然やってくれない。こっちがぶっ倒れてても、ポカリを1本買って「ほれ」って置いとくぐらい。冷たい奴だよな。もっと優しくしてくれよ。——**あえて何度も言うが、僕らは、〝付き合って〟ない。**

さて、このときの富澤の寝こみ方は、何か普通じゃなかった。会話するのもいっぱいいっぱいで、意識もちょっと遠のいてた感じだった。体温計で熱を測らせて、それを取り上げた。富澤は「何度？」って聞いてきたけど、僕は体温計を見せないで「すぐ病院へ行け！」って言った。体温を示す水銀が、42度をぶっちぎってたから。

病院での診断結果は、急性肺炎。放っておくと、危なかったようだ。

そのとき、営業の仕事があったんだけど、富澤が出られる状態じゃないから、僕の方で勝手に断ってしまった。

それからちょくちょく、あいつは熱を出して寝こむようになった。もともと身体が頑丈じゃないみたいだから、不安と心配が重なった。

ちなみにサンドウィッチマンは、大勢いるコンビの中では珍しいぐらい、仲のいいコンビだと思う。よく、相方同士は舞台の外では口もきかないとか、お互いの携帯の電話番号も知らないなんてことまであるみたいだけど、信じられない。仲が悪いのに、コンビを組めるわけがない。相方と仕事以外では顔を合わせないっていうコンビってよくいるけど、何でそうなの？　って、逆に不思議に思う。仲悪く見せることで何かを狙ってるとしたら、違うんじゃないかと思う。かといって、うちらみたいに、10年近く同じアパートで暮らすこともないけど。――**何度も言うが、僕らは、〝付き合って〟ない。**

そんなふうに、富澤が体を壊しながらも、営業の仕事はぽつぽつ入って、何とか舞台をこなしていた。でも、そのうち富澤が「面白いネタがつくれない」とか「身体がだるい」とか、グチグチ言うようになった。正直、僕も彼女と別れたり、そんなに元気を出せない状態だったから、「元気出そうぜ！」って励ましてやれなかった。反対に、どうもこいつといると気が滅入るな……ってイライラすることさえ増えてきた。

一緒の家にいるのに、何日も口をきかないときがあった。

そんな、2004年のある日。

富澤が突然、ぽつりと、

「やめようか」

って言いだした。

それは数日ぶりに聞いた富澤の声で、もともとボソボソしゃべる奴だったけど、なぜかすごく、はっきりと聞こえた。

サンドウィッチマンの解散の危機が、初めて訪れた瞬間だった。

実は、解散話は、2回だけある。このときが1回目で、2回目はいつだったか、記憶が曖昧だ……。何しろ1回目は、富澤の声が真剣だった。

切り出すのは決まって、富澤の方だ。

サンドウィッチマンの舵《かじ》をとっているのは富澤だから、進退の決定権はあいつにあると思っていた。だから、僕が解散とか口に出したことはないし、この先もないと思う。第一、**僕自身は一度もやめたいと思ったことはない。**

富澤がやめたいと言った、このとき、僕はさらっと、

「何言ってんだよ、まだ早いよ」

と答えた。それは本心だった。

まだ、芸人として何ひとつ、残せていない。仙台での生活を棒に振って、何年も東京で、30歳近くまで頑張って、あげくやめるなんて……負け犬じゃねえかと。

売れなかったからやめる、なんて理由にもならないだろう。せめて何かひとつでも、納得できるものを手にしてから、やめるとか続けるとか考えるべきじゃないのか？　と僕は思っていた。

そこまで説得したわけじゃないけど、富澤はまた、ぽつりと、

「……そうだな。わかった」

って答えた。納得したのかどうかは、よくわからない表情だった。

その後のあいつは、妙におかしかった。

直前までちっとも口をきかなかったのに、急に、夜遅くまで、楽しそうに高校時代の話と

かテレビの話とか、くだらないことをグダグダといつまでもしゃべるんだ。僕は、うるせぇなあこいつって、適当に流してたけど、突然あいつが「髪を白く染めたい」って言いだして、ん……？　となった。

こいつ、変だぞって。

僕は先に寝てしまったけど、妙に何か引っかかったままだった。

次の日はバイトで、富澤より先に起きて、アパートを出たんだけど……変な胸騒ぎが止まらない。

すると、ハッとなった。

「富澤……自殺する気じゃないだろうな？」

あいつは、そういうタイプなんだ。きっとこの先に死ぬときも、病死とかじゃなくて、自殺を選びそうな感じがする。あんなガタイだけど、神経が繊細で考え方がアーティスティックだから、ギリギリまで何かと思いつめる。

やばい！　直感でそう思った。

僕はバイトを早めに切り上げた。東急ハンズに行って、髪を白く染める染料を買い、ダッシュで家に帰った。

気が気じゃなかった。もし死んでたら、どうしよう。まず誰に連絡すりゃいいんだ？

あいつがいなくなったら、僕はどうなるんだ？

あんなこと、こんなことが、グルグル頭の中で回っていた。どくどく打っている心臓の音が、耳に聞こえるようだった。

アパートに着いて、バンと扉を開けて、名前を呼んだ。

「富澤ーーー!!」

そしたらあいつ、部屋の奥で、ボケーッとゲームをやっていた。

「あれ、もう帰ったの？」

って、こっちを呑気な顔で見返した。

膝《ひざ》からガクンと脱力したね。

「これ……買ってきたから」

って、髪を染める染料を渡した。

何のことはない。見た感じは、いつもの富澤だった。

あの予感は、何だったんだろう……。

別に富澤は死のうなんて、思ってなかったのかもしれない。いや、あの妙な空気は普通じゃなかった。コンビの相方にしかわからない、微妙だけど、明確な異変だった。

もし、僕がコンビをやめるのを受け入れていたら。

もし、そこで大ゲンカになっていたら。

もし、帰宅時間がもっと後だったら。

どうなってたかな……。

もしかしたら、あのとき「まだ早いよ」って言ったのは、このときの僕にも富澤にも、いちばん正しい答えだったのかもしれない。


2005年、僕らは所属していた某芸能事務所を辞めて、再びフリーとなった。

もう30歳を過ぎてしまった。

そこでふたりで話し合って、ある決心を固めた。

この1年は命がけで、真剣に笑いをやろうと。

悔いの残らないぐらい頑張って、テレビでネタをできなければ、解散しようと決めた。遅まきながら、いよいよ背水の陣のスイッチに切り替わったのだ。

といっても、できることは、ひたすらライブに出演するだけ。声をかけてもらった舞台の仕事は、どんな場所でも断らず、すべて引き受けた。富澤は新ネタを頑張ってつくっていたし、僕も自分のツッコミの〝間〟に磨きをかけた。仲間のライブも、いままでより真剣に見るようになって、なんとかいい部分を盗んでやろうと必死で喰らいついた。自分たちの漫才のスキルの向上に、全神経を注いだ。

バイトはぐっと減らした。僕は登録制のまま変わらず、いつ声がかかっても動けるようにしていた。だけど富澤があんまりバイトを減らさないのが、気に入らなかった。稽古しようと言っても「その日はシフトが入ってるからダメだ」なんて、しょっちゅう言うものだから。シフトなんか入れてんじゃねえよ！　笑いを真剣にやるんじゃねえのかよ！　って、本心では怒鳴りつけたかったけど、ぐっとこらえてた。

うちらはケンカを一切しないコンビだから、ムッとするだけでおしまい。それは一緒に暮らしてたから、というのが大きい。もし、外で二人がケンカしてしまったら、気まずい空気を家に持ち帰ることになる。**イライラしたまま、隣同士の布団に入りたくない。**と言うと、マジでカップルみたいだな。ちなみに、**一緒に暮らした10年間、僕たちは一度もケンカをしたことがない。**

まあ、あいつがバイトを減らさないのは、あいつなりのルールがあるんだろう。それでネタがつまんなくなったわけでもないし。サンドウィッチマンは、舞台以外で、お互いのやることに一切干渉しない。そんな暗黙のルールが、長い年月で自然に出来上がっていた。

富澤たけし

伊達がいなかったら、僕は死んでいたかもしれない

売れなかった若い頃は、青春時代の延長みたいな、ぬるま湯の時代だった。最初はそれでもよかった。「芸人として売れる！」という、若さゆえの根拠のない熱意があるうちは……。

だけど**ぬるま湯は、いつしか心地よさを失い、歳を重ねるごとに僕のやる気を蝕《むしば》んでいった。**

肉体的につらいこともなく、プレッシャーに迫られることもない代わりに、芸人としてはどん底のままだった。

２０００年から２００４年までは、営業とライブの仕事ばかり。テレビの世界では、『海《かい》砂利《じゃり》水魚《すいぎょ》』さんや『バカルディ』さんが『くりぃむしちゅー』『さまぁ〜ず』に改名して再浮上、はなわや波田陽区など、キャラ芸の人たちが売れだし、空前のお笑いブームの兆しがやってきていた。しかし、サンドウィッチマンはただの一度も、テレビでネタをやれるチャ

ンスをもらえなかった。

テレビでネタをやれることと、実力の高さはイコールではない。テレビに出なくたって、面白い芸人は山ほどいる。そう思っている。だけどテレビに出るのと出ないのとでは、知名度も、仕事の広がりも段違いだ。

テレビに出させてほしい。チャンスさえもらえたら、笑いをとれる自信はある。

テレビでネタをやることが、ひとつの目標だった。

だけど、**その頃の僕らには、途方もなく遠く、高い目標だった……。**

ライブに出たら、必ずウケた。「ピザのデリバリー」も「ファミレス」も、どこでかけても必ず笑いがとれる、鉄板ネタだった。収入は少ないけど、笑ってもらえるという実感があるから、いつまでもズルズルと現状維持を続けていた。

でも30歳を目前にすると……それまでにない、不安と恐怖がひしひし迫ってきた。

舞台で笑ってもらえるのは、いい。

充実感もあるし、それを目指して僕は東京に来た。

だけど、そこから先は？

一生このまま、バイトしながら、ネタをつくり続け、ライブをやって――**最後には、どうなるんだ？**

貧しくても、ライブのお客さんが笑ってくれる喜びだけで、終わるのか？

手ごたえも、求める何かも、見失い始めてきた。東京に来た直後の熱い覚悟は、すっかり冷えてしまっていた。

テレビに出られない状態が、5年近くになった頃。**とうとうネタが書けなくなった。**

対決バトル形式のライブに出て、負けても全然、悔しくなくなっていた。モチベーションが上がらない、やる気も起きない。情緒も不安定になってきた。

僕はもともと、神経が不安定なところがある。この頃の精神状態は、今もよく思い出せない。人間関係でものすごく悩んでいた記憶もあるし、ひどい自己嫌悪に陥っていたような気もする。

身体も調子悪かったし……。

一度、肺炎にかかって、死にそうになった。3日間ほど熱っぽくて、頭もガンガン痛い。布団から一歩も出られない。なのに伊達は「いつまで寝てんだ！」って、あの図体でふざけて乗っかってきたりするから、勘弁しろよと思った。で、体温計で体温を測ったら、伊達がすごいシリアスな顔をして、「すぐ病院に行け！」って言った。そのときは知らなかったけど、体温計の水銀が、42度を振り切ってたらしい。

心も身体も、すっかり疲れ切っていた。

2004年のことだった。僕の方から、伊達に切り出した。

「もうやめないか」

そうしたら、あいつは、

「何言ってんだよ、まだ早いよ」

と即答した。

後で聞いたら、あいつはこのとき、僕が自殺を考えてたんじゃないかって思ってたらしい。髪を白く染めたいって言いだしたり、何か雰囲気が妙だと。

どうなんだろう。もしかしたら、そうだったのかな……。

このときに限らず、自殺願望はしょっちゅうあった。死んじゃいたいな……って、何度も思った。

理由は、ないんだ。何も楽しくない。このまま生きてていいことなんて、ないんじゃないかって。

伊達の、

「まだ早いよ」

という答えが、悩みを打ち消す、すべてだった。

今やめられるほど、満足したのか？　という自問の声と同じだった。

僕らは、まだ何も残していない。誰にも、自分に対してさえも。胸を張れるような何かを――。

それに。

僕らはまだ何も、本気の挑戦をしていないじゃないか。

ホリプロから逃げて、トリオの活動も続かず、ライブに出るだけで満足して、腹が減っては親戚や実家に甘えて……これが、上を目指すお笑い芸人の姿なのか⁉

それまでの自分が、猛烈に恥ずかしくなった。

この年。僕と伊達は、ラグビー部時代にもなかったほど、真剣に話し合った。

昔からの友だちとしてじゃなく、漫才の相方同士として、この先どうしたらいいかを。本気の挑戦を、いま始めなきゃ、一生後悔することになる。年齢的にもキャリア的にも、今がラストチャンスだと。伊達は伊達で、危機感があったのだろう。

とにかくひとつ、揺るがない目標を立てようと話し合った。

冷えていた笑いへの覚悟が、再び、じわじわと熱く蘇り始めたのを感じていた。

富澤たけし

全身全霊でお笑いに取り組むため、僕は恋愛はしない

長年付き合っていた彼女がいたけど、だいぶ前に別れていた。

この話は、あんまり語りたくない。何年も昔の話だから、今ではすっかり忘れられたけど……。いい思い出とは言えない。その彼女とはもう二度と会わないだろう。

伊達の場合と同じ、東京と仙台の遠距離交際だった。遠距離って、よほど両者が気持ちをしっかり持っているか、絆が強くないと、難しい。

別れたときは、めちゃくちゃ落ちこんだけど、**恋愛が僕には邪魔なこともわかった。**

女の子と一緒にいるのは楽しい。でも、好きな子と過ごすということは、その娘の感情のブレとか、予想できない反応に細かく気を遣わないとダメだ。

一方こっちは、どんなことをしていても、笑いの仕事が頭から離れない。笑いのために24時間を費やしたいのに、恋愛をしていると、どうしてもそっちの方に神経とか感情を、もっていかれてしまうんだ。

あるネタを考えて、研ぎ削《そ》いでゆきたいのに、彼女の小さい言動が気になって集中できなかったり……。人を笑わせる仕事なのに、ちっとも笑いたくない心境に陥ってしまうことだってある。乱暴な言い方をすると、恋愛は面倒くさい。

伊達のところのカップルは、どうだったんだろう。男同士で、しかもコンビを組んでいる片方が、相方に対して「彼女とどうなの？」なんて聞かないから、僕もほとんど聞いていない。結婚するんだろうなぁと、見ていて思ってたけど、結局、別れてしまった。

正直、僕の責任だと、申し訳なく思っている。

伊達を東京に連れ出したのは僕だし、笑いの世界に呼び寄せたのも僕。もし僕がいなかったら、あいつは仙台で、普通のサラリーマン生活を送っていたはずだ。人並みの家庭を持って、いいパパになってたんじゃないか。

伊達が彼女と別れた理由のひとつに、サンドウィッチマンが売れていないっていうこともあったようだ。経済的に、家庭を築けるような状態じゃないって。

まあ他にも細かい理由は、いっぱいあるんだろうけど……。

とにかく、僕らが東京で名前を挙げられていないのは、厳然とした事実だった。伊達は伊達で、「長年付き合って何かと助けてくれた彼女と、結婚もしてあげられないのか！」と、本気で悔しかったと思う。

あいつに芸人として立派な実績を築かせてやれなかった責任は、今でも感じている。伊達の方は「自分のことを決めたのは全部僕だから、お前は関係ねえよ」って怒るだろうけど。

結局、僕らは恋愛どころじゃなかったんだ。色恋なんかに時間をかけられる身分じゃない。愛とか不確定なものが感情にからむと、笑いがブレる。それでなくても、僕らの笑いは脆《もろ》くて、未熟だったし、努力も足りなかったんだから。

全身全霊で笑いに取り組む。そのためには恋愛には一切、関わらないと決めた。

女遊びしながら、ちゃんと売れている芸人から見たらバカかもしれないけど、これは僕なりの決意表明だった。

ついに、かすかな光。

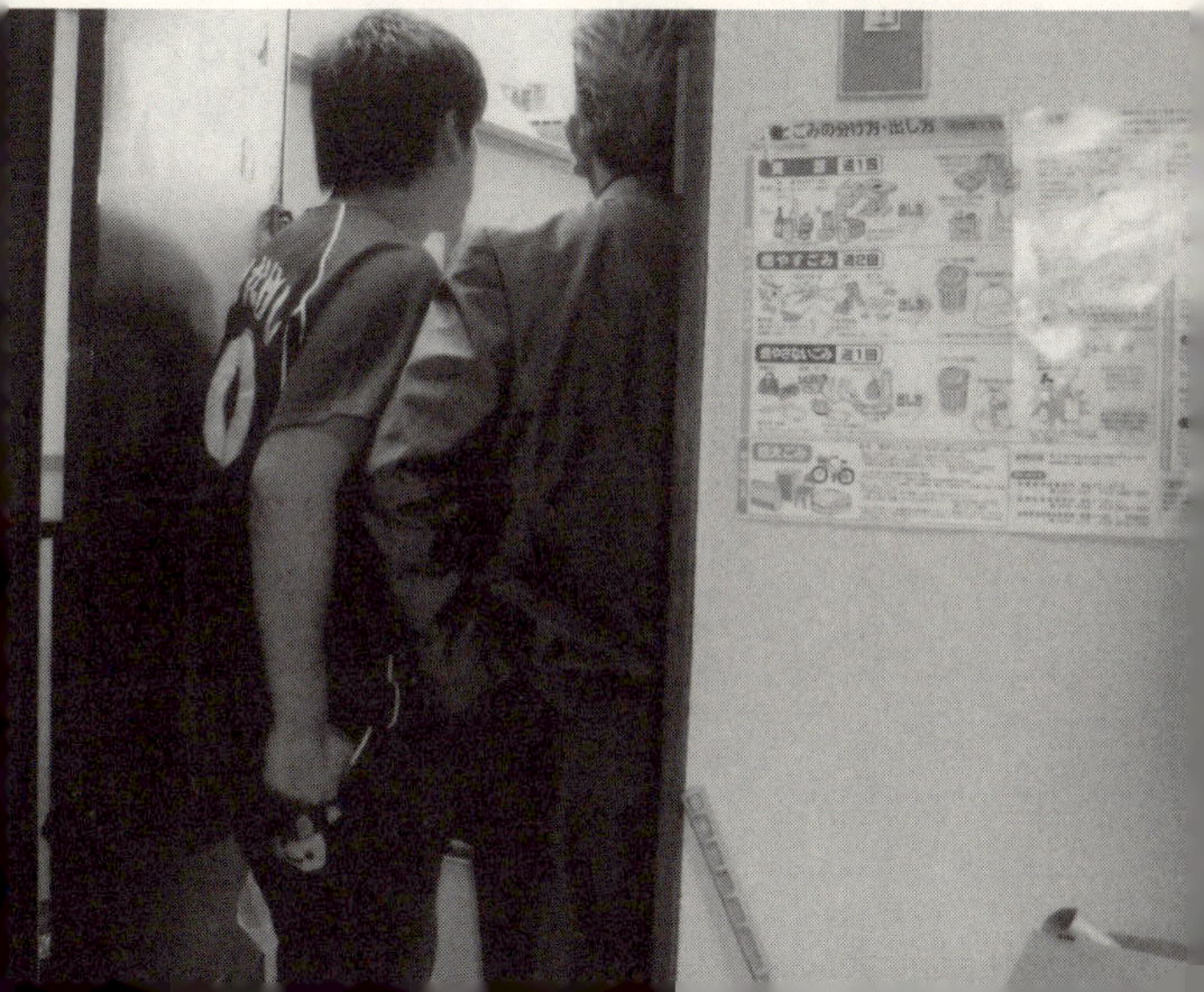

伊達みきお
念願だった、地上波テレビ初出演

２００５年。思わぬチャンスがやって来た。

フジテレビの社員兼、現役の芸人っていう風変わりな人がいて、その人にネタ見せをしたら、「面白いじゃん！」って言ってくれた。

そしてその人の紹介で、ＢＳフジのネタ番組『東京金歯』のオーディションを受け、出演を依頼された。地上波じゃないけど、収録のときは興奮した。まずは目標だったテレビ出演が叶った！　って。

その後、浅草の『雷ライブ』という、東京の芸人が大勢出演するイベントに出させてもらったとき、たまたま芸人を探しに『エンタの神様』のカメラが入っていた。僕らは自信あるネタ「ピザのデリバリー」をやった。するとバラエティ番組のヒットメーカー、日本テレビプロデューサー（当時）の五味一男さんが目に留めてくれた。

こうして僕らは、『エンタの神様』で地上波のデビューを飾った。

今もそうだけど、当時いちばんメジャーなネタ番組だったから、飛び上がるほど嬉しかった。

『エンタの神様』の最初の収録のことを、すごくよく覚えてる。めっちゃくちゃウケたんだ。サンドウィッチマンは無名だったし、若くもハンサムでもないから、ネタのスタート時点でお客さんの歓声はほぼゼロだったけど、つかみでまずドッとウケた。後はもう、どかんどかん笑ってもらえた。笑いが大きすぎて、僕らのピンマイクにお客さんの笑い声が入っちゃって、収録を撮り直したんだ。そんなこと、滅多にないって言われた。

五味プロデューサーにも褒めてもらえた。

「お前らみたいなのが、今までどこに埋もれてたんだ？」

っていう言葉は最高に嬉しかった。五味さんはこの頃、雑誌のインタビューで「サンドウィッチマンは将来、M-1チャンピオンになる」とおっしゃっていたんだけど、最近になってその話をしたら、「もう3年も前のことだし、よく覚えていないなあ」と煙《けむ》に巻かれた……。

いずれにせよ、それからM-1グランプリで優勝するまで、サンドウィッチマンは15回、『エンタの神様』に出させてもらった。**僕らを世に出してくれた、恩の深い番組だ。**

『エンタの神様』での最初のキャッチフレーズは、「お笑い界の裏番長」だった。僕のビジュアルは当時と変わってない。やくざ系のコント師みたいに思われていたのだろう。別に何でもいい。テレビに出してもらえて、お客さんに笑ってもらえるだけでありがたかった。

だけど、テレビで自分の姿を見たときの衝撃は……すごかった。僕、こんなに太ってんの!? ガラ悪いな!! って。正直、今ではもう慣れたとはいえ、自分の映ってる姿からちょっと目を背ける。どうにかしなきゃとは思うけど、今さらダイエットする気は起きないな。

テレビに出始めた頃、以前からの仲間だったお笑いコンビ『ホロッコ』の堀田訓幸《くにゆき》さんが、芸人活動しながら事務所を立ち上げると聞いた。その後、この事務所に僕たちは所属することになる。

堀田さんは番組の構成作家もやっていて、『エンタの神様』へのルートを敷いてくれた人でもある。

そこからはぽつぽつとテレビ出演の話が続くようになった。2006年の1月にはテレビ朝日の『虎の門』にも出させてもらった。くりぃむしちゅーなどの実力ある中堅芸人をブレイクさせた腕利きプロデューサー、藤井智久さんによく目をかけてもらった。

五味さんと藤井さんは、業界のクリエイターで、最初に僕らを評価してくれた人。いつまでも感謝したい、テレビの世界での恩人だ。

テレビに出るようになって、営業の数が飛躍的に増えた。お客さんの笑いも、ずっと増えたような気がした。

爆笑問題の『タイタンライブ』にも出させてもらったり、ライブの仕事が充実し始めた。ネタ見せのオーディションでは、ほぼ確実に、受かるようになった。あらためて富澤の書くネタは面白いんだなと確信した。前からクオリティは高いと思っていたけど、認めてくれる人がいなかったから……。ここにきてようやく、ちゃんと判断してくれる人が現れて、お客さんを笑わせられるようになって、**富澤を面白いと思ってた僕は間違ってなかったな、と確信した。**富澤の方も、やっと手ごたえを感じていただろう。

僕は僕で、自分のツッコミのスタイルを確立していった。ツッコミの言葉に、ひとつふたつオリジナルの表現を入れて、笑わせる。これは、東京ダイナマイトのハチミツ二郎さんのスタイルを参考にさせてもらっている。

二郎さんは僕の兄貴分。僕はあの人がボスを務める、芸人ばかりの美食の会「二郎会」のメンバーでもある。まぎれもなく、二郎さんは若手トップクラスのツッコミの名手。言葉のセンスが、ずば抜けて面白い。あの人の漫才は、ライブでの下積み時代から大いに勉強させてもらった。

そしてこの年、僕らサンドウィッチマンは、初めてM-1グランプリの準決勝に残ることができた。

真剣に笑いをやった甲斐があったなっていう気持ちと、やっぱり真剣にやんなきゃダメだったんだという後悔が、胸に押し寄せた。

富澤も同じ気持ちだっただろう。

富澤たけし

上京後、初めて流した舞台後の涙

２００５年。この年を僕らは勝負の年と決めた。

所属事務所を辞めて、フリーに戻った。そして出させてもらえるライブにすべて出られるよう、バイトをぐっと減らした。

今年1年、悔いのないところまでやろう。笑い漬けになって、目標はテレビ出演。もし今年、テレビに出られなかったら、そこで辞めようと、伊達と決めた。

本当に遅いけど、本気のスイッチが入った。僕は新ネタをどんどんつくって、稽古を積んで、ライブに出まくった。知り合いの芸人に声をかけて、どんな小さなイベントでも出してもらえるよう頼んだ。オーディションの話があったら、真っ先に飛んで行って、ネタを見せた。あんまり見なかったバラエティ番組を、食い入るように見始めた。売れている芸人のネタの見せ方、笑いの〝間〟、テンポにリズム、すべて学び取ってやろうと。**寝ても覚めても、飯を食っても風呂に入っても、笑いのことを考えていた。**

コントと漫才に、不退転の決意でがっつり取り組んだ。

ついに「エンタの神様」の出演が決まった。初めての地上波での収録は、さすがに緊張した。スタジオのカメラさんほか、大勢いるスタッフ全員、空気がピーンと張り詰めていた。

テレビではよくあることだけど、ネタの尺の微調整を頼まれた。少し戸惑ったけど、僕らは逃しちゃいけないチャンスを目の前にしているんだから、と言われたとおりに調整した。

初めて『エンタの神様』でやったネタは、「ピザのデリバリー」。

僕らの最高の鉄板ネタのひとつだった。

すごくウケた。お客さんの笑い声が、ガンガン聞こえた。テレビでも僕らはウケるんだ！　っていう手ごたえがあって、嬉しくてしょうがなかった。

「ピザのデリバリー」は好評で、すんなりオンエアが決まった。

その日の夜にはライブがあってオンエアは見られなかったけど、**帰り道に、一人でちょっとだけ泣いた。**

人気番組でネタをやれたことで、ひとつ目標は達成できた。

すると次のネタは何をする？　という展開になった。これをきっかけに『エンタの神様』には何度も出させてもらえるようになった。３年で15回出演。**五味プロデューサーが、僕ら**

の出演VTRを、〝間〟を見習えと、若手芸人に見せているという話を聞いた。本当にありがたい話だ。

そして、僕らはフリーを卒業して、ホロッコの堀田さんがつくった事務所、フラットファイヴの所属コンビになった。

伊達みきお
先輩芸人からの電話で、本気のスイッチが入った

M－1グランプリには2002年から毎年、出場していた。

2002年は1回戦、2003年は2回戦で負けていた。

最初の頃、実は大会そのものをバカにしていた。吉本興業の大会なんだから、吉本のコンビや大手事務所の誰かが上にいくって決まってんだろうって、冷やかし半分で出場してたところがある。

だから最初の頃の出場は、漫才じゃなくて、適当にショートコントで場を濁していた。そんなんじゃ勝てるわけがない。ナメるにもほどがある。当時に戻れたら、僕自身のことも富澤のことも、思い切りひっぱたいてやりたい。

そして2004年のM－1グランプリ。

サンドウィッチマンは、前年に続いて2回戦で敗退していた。

決勝進出者の発表の日、僕は東京駅の地下で土砂運びのバイトをやってた。

そうしたらハチミツ二郎さんから、携帯に電話がかかってきた。すごく嬉しそうな声で、

「伊達ちゃん！　僕ら、M-1の決勝が決まったよ!!」

って言った。僕はそのとき、ドロだらけの手で、携帯を握りしめていた。

「マジですか！　おめでとうございます!!」

ってお祝いを言ったんだけど、**内心、消えちゃいたいほど惨めだった。**

東京ダイナマイトが決勝に行ったのは、本当に嬉しかった。２００４年の決勝出場コンビでは、東京ダイナマイトと優勝したアンタッチャブルだけが吉本興業以外の所属だったのだが、この２組は見事に大会をかき回してくれた。その奮闘する姿は、本当に誇らしかった。

二郎さんの決勝進出をお祝いしたい気持ちは、仲間内で誰よりも強かった。

だけど同時に、ふだん飲みに連れて行ってくれて、何でも相談できる、同じライブの舞台にも立っていた身近な兄貴分が、あんなにも華やかでキラキラした場所に行って、好きな漫才を堂々とやれてるって姿が……**言葉にできないぐらいまぶしくて、羨ましかった。**

それに引き替え、僕はこんなところで汗だくで、フラフラになりながら、土砂を運んでる。

こんなことしてる場合じゃねえだろ！　って、悔しくて、恥ずかしくて、情けなくて――。

ドロだらけの手で目をこすったら、ちょっと泣いてたことに気がついた。

「もっと上を目指さなくちゃ、ここで終わっちゃう」

自分の中から、そんな声が聞こえた。

そこで僕は、2005年の大会こそ、決勝まで行く！　っていう決意を、真剣に固めた。

ドロだらけの手でとった二郎さんからの電話は、僕の意識を変えた大きなスイッチだった。

翌年の2005年に準決勝まで行けたときは、やった！　という喜びの反面、決勝にたどりつけなかったことが悔しかった。

富澤は、もっと悔しかったらしい。あいつは僕以上に、「決勝」でネタをやるんだ！　という決心を、早くに固めていたようだから。

富澤はいつも、僕の何歩か先を見ている男だ。僕は、今評価されていないんだったら、違うことをやらなきゃいけないんじゃないかって考えるタイプだけど、あいつは自分の思い描くビジョンがあって、そこに向かうためには迷わない。相方ながら、すごい奴だと思う。でも何をやりたいのか、まったく説明しないまま、目的の場所に行くまでの段階を「そう行くか⁉」ってぐらい変に間違えることがあるから、ムカッ腹が立つこともあるけど。まあ、コンビっていうのは、お互い、それぐらいの違いがあってもいいだろう。

とにかく、**僕は、富澤が目指している上の風景っていうのを、あいつと一緒に見てみたかった。**

富澤たけし

M-1グランプリを、バカにしていた浅はかさ

2002年に、初めてM-1グランプリに出てみて、驚いた。**1回戦だけでも、会場の空気がものすごい。**僕らみたいに冷やかしだとか記念受験的に来ているコンビもいたけど、ほとんどは本気で決勝進出を目指している若手ばっかり。それで、これは真面目にやらなきゃ恥ずかしいぞと思った。M-1を見ている人が、本当に多いことも驚きだった。これだけ大勢にネタを見てもらえる番組は他にないだろうということに気づいて、次の年は、真剣にやろう！　と決めた。

2003年の第3回大会は、2回戦敗退。テレビに出ていない芸人が2回戦に行けたっていうだけで、嬉しかった。

次はもっと上を目指そう！　と出場した翌年2004年の第4回大会は、意気込みに反して、ここでも2回戦どまり……。なかなか、2回戦の壁を破れないなって、ちょっと落ちこんだ。それにライブを一緒にやっていた仲間のコンビや後輩コンビが、準決勝ぐらいまで上

がっている。この年の大会では、伊達の兄貴分の『東京ダイナマイト』が決勝まで上がった。2回戦程度で負けてる情けなさと、僕らだって上に行けるかもしれない！　っていう希望が、同時に湧きあがった。

そして本気スイッチの入った2005年の第5回大会。

やっと、準決勝にまで勝ちあがることができた。

2回戦負けだった僕らが、ビューッと準決勝までのステップを上がれて、やった！　と思った。準決勝まで上がると、周りも錚々《そうそう》たるメンツ。テレビに出て、ガンガン笑いをとってる一流のタレントがいっぱい。この人たちと一緒のステージにいるっていうことに、胸を張りたかった。

だけど……僕は、決勝にどうしても行きたかった。

テレビに出られるようになって、調子づいていたわけじゃない。本気のスイッチが入った僕は、**コンテストでは、首をぐっと上げて、一番高いところを見るようになっていた。**

サンドウィッチマンは、準決勝進出で、たった9組しか行くことの許されない、高くて、キラキラ輝く〝ファイナル決勝〟の舞台に、手が届きかけていた。

だけど、敗者復活戦でも勝ちあがれなかった――。

このときも、僕はひっそり泣いた。

『エンタの神様』に出られたときの、**喜びの涙とは違う、本気の悔し涙だった。**

この日から僕は、M‐1の決勝に行くためには何をすればいいか？　を、真剣に考えるようになった。

初の準決勝の場で、はりけ〜んずさんと、久しぶりに対面した。仙台夕やけ劇場以来だ。はりけ〜んずの前田さんに「お久しぶりです！」と挨拶すると、

「お前ら、面白かったぞ。決勝を狙える力があると思うから、来年も頑張れよ！」

って言ってくれた。僕は、人に何か言われて、あんまり心が動く方じゃないけど、このときは心底感激した。

がぜん、やる気に拍車がかかった。

2005年は、まさにサンドウィッチマンの転機の年だった。

富澤たけし

M-1チャレンジで、着々と上がった目指す場所

芸人収入は、まだまだ少なかった。

ようやくテレビに出られた２００５年も、芸人としてのギャラは月5万円あればいい方だった。

２００６年の1月にはテレビ朝日の『虎の門』に出演。2月にはＴＢＳラジオ『伊集院光日曜日の秘密基地』に出してもらえた。『エンタの神様』に何回か出ているうちに営業の数がぐっと増えて、やっと忙しくなってきた。

この年の5月と7月には、東京と地元・仙台で初の単独ライブ『サンドウィッチマン単独ライブ２００６』をやることができた。満員御礼で、ものすごく嬉しかった。特に地元で単独公演できたのは、感慨深かった。**やっと、ここまで来れたんだ。**

何とかこの年には、アルバイトを辞めることができた。正真正銘、お笑い漬けになれる環

境が整った。

テレビに出る前は、「出してくれたら絶対に、笑わせる自信があるのに！」って思っていたけど、いざ出演してみると、**テレビにはテレビの「見せ方」と「笑いのルール」があるのに気づいた。**ネタが面白いのは当然として、画面上でウケるためには、新しいコツを学ばなきゃダメだ。演じ方とか、強弱のつけ方とか。うまく言い表せないけど、舞台で見せていた笑いの表現を、テレビに置き換えるには、何か違う手を打たなきゃいけない。

サンドウィッチマンの笑いを多角的に分析し始めた時期でもある。

伊達はそこまで、考えてなかっただろう。あいつは何でも、出たとこ勝負みたいなところがある。アドリブに強いし、それが持ち味でもあるから。バラエティ番組で、いきなりコメントをふられるような場面では、あいつの方がわかってるからだいたい任せている。

ちなみに、**僕の声は、現場ではかなり、変えている。**普段はボソボソしゃべるので、人に聞き取れないって言われる。もともと声が大きい方じゃない。その点、伊達は声質もいいし、声量も大きくて通りがいい。僕は滑舌も良くないし小声だから、舞台でよく通る発声法を、自分で編み出した。

中学生のとき『あぶない刑事《デカ》』が流行った頃、柴田恭兵のモノマネをずっとやっていた。そうしたら、この低くて渋い声の出し方に気づいた。この声で、国語の時間の朗読をやったら、窓がピシピシ鳴るぐらい。今、共演者とかに「富澤さんの声は、低音でセクシーですね！」って言われると、照れるけど嬉しい。**女性の子宮に響く声っていうのを、ひそかに目指している。**

2006年は、仕事も順調に入りだして、何とか「職業・お笑い芸人」を名乗れるようになった。テレビに出ると、営業先の客の空気がガラッと変わる。お笑い芸人の生き方はいろいろあるだろうけど、ネタ中心のスタイルでやっている僕らのようなコンビが食い続けてゆくには、テレビに出て名前を覚えてもらわないことには、どうしようもない。

2007年のM-1の決勝のネタの冒頭で、**「名前だけでも覚えてください」**って言った。あれは直前にネタ変更したという事情もあったんだけど、**サンドウィッチマンの切実な主張でもあった。**

一生懸命やって、なんとか少しずつ、世間に名前を覚えてもらえるようになって、呼ばれる場所が増えてホッとした反面……ものすごく反省していた。

1998年に東京に引っ越してから6、7年。貴重な20代後半の時間を、だらだら食いつぶしちゃったなと。もっと早くに本気のスイッチを入れて、全身全霊でお笑いに取り組んでいたら、若くて華も体力もあるうちにテレビにいっぱい出て、売れっ子になれてたかもしれない。売れる売れないは結果論だから、本当のところはわからないけど。少なくとも本気にならなきゃ、ここまで来られなかったのは事実だ。

若いとき、売れている先輩に口すっぱく説教された。

「命がけでお笑いをやれ！　真剣に取り組めば、必ずいい結果はでるからな！」

と。だけど僕は、真面目に受け取ってなかった。勝ち組のあなたは、そう言えるでしょうって。頑張ったからって売れるって世界じゃないだろうと、どこかで決めつけていた。

とんがってる気分で、実はスネてただけなんだ。売れてない自分自身に。努力してない自分を、なんとかゴマかしたかったんだ。

最悪だ……そういう芸人こそ、本当に敗者だ。

今仕事が忙しくなって、いろんな人に声をかけていただけるのは、本当に、本当にありがたい。

あのとき先輩が言った言葉が、胸に重くのしかかっている。頑張らないヤツに、いい結果はついてこない。ありきたりな表現だけど、全身で実感している。今スネている若手がいたら、僕もまったく同じことを言うだろうな。

「命がけでお笑いをやれ！　真剣に取り組めば、必ずいい結果はでるからな！」

って。

目標を設定し、自分たちの笑いを分析して、計画と戦略をたてて頑張らないと、欲しいものは手に入らない。

逆に言うと、**頑張れば欲しいものは手に入る。ようやくわかった。**

このとき、僕らが求めていたのは、M-1グランプリの決勝進出だった。

あの舞台に立って、テンションの上がるジングルのなか、ステージへの階段を相方とふたりで下りて、マイクに向かって漫才をやりたい。賞金とか知名度アップとか、そういうレベルの欲望じゃない。日本一の漫才師を決める、いちばん高い闘技場に、僕らは立ちたい!

伊達ともそう誓い合って、2006年の大会に気合十分で臨んだ。

決勝進出を照準に入れて、順調に予選を勝ち抜いていった。

だけど、今回も準決勝で止まってしまった——。

普通なら、2年連続で準決勝進出はすごいことだ。M-1は4000組近いコンビが応募する日本最大のコンテストで、準決勝に行けるのは50組程度。そこに2年続けてたどり着けたっていうだけで、プロの漫才師としては、自慢していいだろう。

でも僕は、決勝に行くことだけを考えていたから……がっくり、膝をついた。

敗者復活戦は、有明コロシアムで行われた。

ここで勝ちあがってやる！　と気持ちを切り替えて、会場に乗りこんだけど、出演順のくじ引きで、東京ダイナマイトのひとつ前に当たってしまった。

そこでもう、ダメかもな……と、半分あきらめてしまった。

実際、サンドウィッチマンのネタの後に、東京ダイナマイトが登場したら、お客さんの空気がガラッと変わったんだ。僕らも、まあまあウケたけれど、あの派手な赤と白の衣装のふたりが舞台に立つだけで、「わぁーーーー!!」って沸く。ネタも、すごいウケてた。すっかり僕らは、かすんでしまった……。

お客さんのウェルカム感って、審査にも影響する。東京ダイナマイトのように、ファイナリストを経験したコンビは、地力《じりき》も知名度もあって強い。

逆に言うと、決勝を経験した人たちの凄味と存在感を見せつけられて、勉強にもなった。こういう力をサンドウィッチマンが身につけるには、どうしたらいいんだろう？

２００６年のＭ‐１は、挫折と同時に、クリアすべき新たな課題を、突きつけられた大会でもあった。

照準はもう、２００７年に合わせていた。

本命と呼ばれる実力コンビは、だいたい優勝したり、テレビ仕事が忙しくてエントリーもしていなかった。僕は準決勝に2回連続で出られたことで、M-1の全体の空気と、決勝を狙えるコンビのスタイルと戦い方を、自分なりにつかめていた。

2007年こそ、本当に本命不在だと思った。

どのコンビにもチャンスはある。

もちろん、僕らにも——。

狙う場所は、頂点のステージ。

あの場所へ立つ切符をつかむための戦略で、僕の頭は1年間いっぱいだった。

まさかの敗者復活。

富澤たけし

伊達は最高の味方であり、最大のハードルだ

2007年のM-1グランプリ、サンドウィッチマンは順当に準決勝まで勝ち上がれた。その結果には、ひとまずホッとした。

決して楽勝ではなかった。前の年まで上位に来ていたようなコンビが何組も、3回戦で敗退している。M-1は厳しい。甘くないと、覚悟して臨んでいた。

準決勝進出は、僕にとって越さなくちゃいけない、最低限のハードルだった。3回戦より前に落ちていたら、サンドウィッチマンのレベルが落ちたということだから。このキャリアで、前年よりレベルが下がるのは許されない。

2007年のM-1に向けて、僕は集中的に研究を重ねていた。

『紳竜の研究』など、完成度の高い漫才DVDを片っ端から見まくった。ただ見るだけじゃなくて、「間」を測る方法、言葉の使い方、ネタの磨き方、お客さんの的確なつかみ……取り入れるべきポイントを意識的にチェックした。過去のM-1決勝のDVDも繰り返し見た。

決勝に進出したコンビが、何をやって、どういう技術を駆使しているか。神経を研ぎ澄まして、ネタを観察研究した。

島田紳助さんは公言している。「M-1は4分間の漫才の戦い。この4分というのが、大事や。この時間をわかった上でどう戦うか。効果的な戦い方を知ってるか。勝敗はそれで決まる」と。

その通りだ。4分というのは決して長くない。しかし一発ギャグでもたせられるほど、短くもない。いつものサンドウィッチマンのやり方では、この240秒で勝つことはできない。ネタ自体には自信があったけれど、勝負するには、M-1バージョンにマイナーチェンジする必要がある。どこを、どう組み替えたらいいか。勝つための分析をすすめ、僕はネタを磨いていった。

練り上げる作業のとき、僕は必ず伊達にも意見を求める。伊達はけっこう、僕の気づかない効果的な指摘をくれる。でもあいつは、いつものサンドウィッチマンと違う、新しいスタイルのものをやろうとすると、「それはやめた方がよくないか?」と抵抗する傾向がある。基本的には、説得して、納得してもらえたら譲ってもらう。説得できなかったら、それはしょうがないかと僕があきらめる。

最終決定権は僕にあると伊達は思っているみたいだが、全然そんなことない。サンドウィッチマンはふたりの合議制でやってるつもりだ。

ただ、絶対に譲れない意見やネタがあるときは、徹底的に戦う。口ゲンカになることもある。

ネタをつくりあげるとき、伊達は最高の味方でもあり、最大のハードルでもある。

そういう関係でいいんだ。

ふたりの間の戦いで負けるようじゃ、到底M－1で勝てるはずはない。

話し合いと稽古に、朝までかかることは珍しくなかった。

伊達みきお

２００７年Ｍ-１、準決勝で敗退

２００７年。『Ｍ-１グランプリ２００７』の予選がスタートした。

この年は４２３９組がエントリーした。出場コンビの数は、年々増えている。今年も過去最多数だったと聞いた。特に、２００７年は、プロよりも素人コンビが急増していた。前年にアマチュアで初めて決勝進出した『変ホ長調』の存在が大きいだろう。これには正直、複雑な気持ちだった。

プロはみんな、人生と命をかけて真剣に漫才をやってる。普段、別の仕事に就いてるようなアマチュアが決勝に上がって、泣くほど悔しかった。プロとして、アマチュアは決勝の舞台では二度と見たくない。**決勝の舞台にアマチュアを上げてしまうようじゃ、プロはダメなんだ。**

２００７年、サンドウィッチマンは２回戦からのシード参加だった。前年、準決勝に進出したコンビは、無条件で１回戦を免除されるルールになっている。

2回戦はラフォーレ原宿で行われた。ここは順当に勝って、『ルミネtheよしもと』での3回戦に進出。ここまではM-1出場者専用の携帯サイトに各自アクセスして、合否を確認するシステムになっている。

3回戦も勝って、いよいよルミネでの準決勝に上がった。

2年連続で準決勝に来ていたから、ひとまず今年も面目は保ったなというのが、正直な気持ちだった。

準決勝まで残ったコンビは、さすがに実力も人気もある顔ぶれだった。全員、気合の入れ方が違う。ここで終わるのと決勝に行けるのとでは、天と地ほどの違いがある。前年のチュートリアル、その前のブラックマヨネーズをはじめ、決勝で結果を残したコンビは、全国区の人気タレントへの成功への階段をかけのぼれるんだから。

ルミネでの準決勝は、息のつまるような緊張感の中で行われた。M-1決勝の番組中では、大井競馬場での敗者復活戦を「緊迫感あふれる戦い」とか「地獄のよう」なんて言葉で表現しているけど、実際は準決勝の方がピリピリしている。ここで勝ち残れるかどうかで、来年以降の仕事の展開が大きく変わるんだから、当たり前だ。

僕らサンドウィッチマンも真剣にネタをやった。M-1で勝つために、富澤が練りに練った、自信のネタだった。

今年こそ、決勝の舞台に行くぞ！　という意気込みは十分だった。

準決勝終了後に、決勝進出者が発表される。POISON GIRL BAND、笑い飯、千鳥、ダイアン……と、有力視されていた実力コンビが次々と読み上げられる。念願の初決勝進出を叶えたダイアンは、ふたりとも涙ぐんでいた。僕らと同じ、並々ならぬ気合と、数年分の悔しい思いが積み重なっていたんだろう。

だけど。

最後の8組目まで……**サンドウィッチマンが呼ばれることはなかった。**

富澤たけし

悔しさと諦めが交錯した準決勝敗退

準決勝戦は、『ルミネｔｈｅよしもと』で行われた。

そこまでくると、さすがの面子《メンツ》が揃っていた。会場の空気は、アマチュアコンビも多く混じっていた3回戦まではうって変わって、かなりピリピリしている。僕らみたいな吉本以外の事務所の芸人にとって、正直、ルミネはやりやすい場所ではない。客はだいたい吉本ファンだし、舞台も楽屋もトイレまでも、吉本専用の「場」という感じで、落ち着けない。**まるっきりアウェーの劇場だ。**

だけど、こっちも準備は十分にやってきた。

自信をもって、Ｍ-１用につくりあげたネタを繰り広げた。笑いも起きたし、手ごたえも悪くなかった。今年こそ決勝に行ける！　とグッと拳を握った。

全組のネタ終了後。準決勝に出場したコンビが集められた。番組関係者が、決勝進出組を読み上げてゆく。

最後の8組目が呼ばれた。

……サンドウィッチマンの名前はなかった。

2007年も、準決勝での敗退が決まった。

悔しかった。本当に。

ちくしょう！　と思った。2006年の準決勝敗退よりも、ずっと悔しかった。

2006年のM-1は、準決勝敗退のとき、悔しさと白けた気持ちが半々だったんだ。

アマチュアの『変ホ長調』が決勝に上がったときに、何だそれ？　と、呆《あき》れてしまった。

芸人のどん底暮らしを味わい、客のいないつらい営業をしのいで、真剣に漫才をやってきているプロの芸人たちが、アマチュアコンビに負けたのだ。

しかも2006年の決勝組は、敗者復活の『ライセンス』までを含め、全員吉本の芸人だった。このときはまだM-1のことをちゃんとわかっていなかったから、これは結局、吉本のイベントなんだって、文句を言う気も起こらなかったんだ。

M-1は、やっぱりガチンコじゃなくて出来レースだったんだなと、冷めた気持ちになった。実際、関係者から「小さい事務所にいるタレントは、エントリーするだけ無駄だよ」と言われたことだってある。

その一方で、もしかしたらという希望もあった。

吉本以外の芸人でも、決勝に行くことは、できるんだ。実際、この2007年は、ライブでも一緒だった仲のいい芸人、『ザブングル』が見事に決勝の切符を手にしていた。

僕らも決勝に行きたい。よりたくさんの人に、ネタを見てもらえる一番大きなチャンス。何としても、手にしたかった。夢のチャンスだ。

どうせ無理だろうというあきらめと、絶対に決勝に行くんだ！　という複雑な思いが交錯するなかで臨んだ準決勝だったのだけど、結果は、やっぱりダメだった……。

このときの悔しさは、ネタを認めてもらえなかった、という気持ちだったのか。吉本という大きくて見えない壁を突破できなかった悔しさだったのか。

今でもよくわからない。

僕らに残されたチャンスは、敗者復活戦のみ。

敗者復活戦でのネタは、「街頭アンケート」でいこうと決めた。前の年の準決勝でかけた、屋外シチュエーションのネタだ。一度は敗れたネタだけど、完成度には自信がある。もともと『エンタの神様』用につくったネタだが、M-1用に何カ所も改良していた。こういう大きな舞台で、必ずやる勝負ネタのひとつだった。

伊達みきお

2007年12月23日。敗者復活戦の朝を迎えた

サンドウィッチマンは敗者復活戦に回ることが決まった。

決勝に残ったコンビで、吉本以外に所属しているコンビはザブングルだけ。ああ、これは出来レースだったんだ、と思った。今回こそ絶対に決勝に行く！　という気持ちが強かっただけに、決勝に残ったコンビの面子を見て、何かぽっきり折れたような気分だった。

でも、捨て勝負はしたくない。

決勝戦と同日。12月23日。

僕はいつもの仕事と変わらない感じで、アパートを出た。

富澤はもっと早い時間に出ていた。仕事はいつも、あいつが先に起きて出かけて行く。あいつがドアを開ける音で目が覚めて、「おお、そんな時間か」って慌てて準備するのが常だった。遅刻ギリギリまで寝てるのは、高校時代から直らない僕の悪いクセだ。

富澤はちゃんとスーツを持って行ったかな？　と気になった。舞台での富澤の主な衣装は

サッカーシャツ。でも、M-1は特別な舞台だから、ネクタイを締めなくてもいい、せめてジャケットとパンツはフォーマルなもので行ってくれと頼んでおいた。じゃないとあいつは、平気でサンダルで仕事に行くような奴なんだ。

アパートを出てから、同じ準決勝進出コンビのU字工事・卓郎と浜松町で待ち合わせた。モノレールで一般のお客さんと一緒になるのはゴミゴミしてそうだから、今日ぐらいは贅沢《ぜいたく》しようと、ふたりでタクシーに乗って会場に向かった。

タクシーの中では、卓郎ととりとめのないことを話してた。「伊達さん、僕最近、新しいコント番組の出演が決まったんですよ」「へえ、いいなぁ」とか。

敗者復活戦については、特に話さなかったな。2年も同じ経験していたしね。大勢の芸人が集まる仕事に向かうっていう感じだった。

やる気は、もちろんある。でも何というか、選ばれるのは1組だけなんだから、どうせダメでしょうという諦めの方が大きいんだ。これは弱小の事務所に所属するコンビなら、共通した感覚なんじゃないかな。

タクシーで向かう大井競馬場は、意外と遠かった。メーターが1000円、2000円と上がっていくことに、ちょっと焦り出した。その日、財布には5000円ぐらいしか入ってなかったから、こりゃヤバい。結局、現場に着いたら3500円ぐらいになってしまった。

後輩の卓郎にお金を出させるわけにはいかないから、僕が払ってやった。卓郎は「ありがとうございます!」と言って、こっちは「気にすんな」と答えたんだけど、内心は大汗かいていた。今日はコーヒー代も節約だ。**中身の寂しくなった財布をしまって、カネがねぇなぁと、ため息ついた。**

その数時間後に、まさか1000万円を手にするとは……人生は、本当にわからないものだ。

富澤たけし

僕の戦うモードは、オフになっていなかった

２００７年12月23日。早朝。東京は雨が降っていた。

午後には晴れるという予報だった。大井競馬場でネタをやるには、晴れてくれた方がありがたいなと思った。

出かける準備ができたとき、伊達はまだグーグー寝ていた。

わざわざ起こしたりしない。遅刻だけはしないでくれよと願うだけだ。

舞台用のスーツをバッグに入れて、アパートを出た。本当は、衣装はいつものサッカーシャツでもいい。でも伊達が「頼むからスーツにしてくれ」と言うから、しょうがなくスーツを用意した。

このときのスーツは親に買ってもらったもの。決勝の映像を見てもらうとわかるけど、かなりダボダボ。「将来、たけしが太っても着られるように」と、大きめのサイズにしてくれたんだ。**親のおせっかいと気遣いが詰まった、少し恥ずかしいスーツだ。**

出発の時間は、だいぶ早めだった。一度ぐらいしか行ったことのない現場に向かうときは、道に迷うかもしれないので、余裕をもって家を出る。

移動は電車だ。伊達はタクシーを使ったらしい。金もないのにバカじゃないの。後で聞いたら、やっぱり財布の中身ギリギリだったって。計画性のない男だな。

電車で大井競馬場に向かうときの心境といえば、出店は何が出てるんだろうとか、また待機場所は男ばっかりで臭いんだろうなとか……。そんなことをぼんやり考えながら、吊り革を握っていた。


敗者復活できなくてもいいや、という気分ではなかった。伊達はお祭りに行くぐらいの気分だったかもしれない。でも僕は、まだM-1は終わってねえよと、戦うモードをオフにはしていなかった。

大井競馬場はルミネと違って、吉本ファン以外のお客さんも、大勢来てくれるはず。審査はきっと、公平にしてくれるだろう。気分的には、アウェーに向かう感じじゃなかった。

敗者復活。

狙えるんだったら、狙ってやろう。もし何かを起こせるとしたら——僕らかもしれない。

口には出さないけど。出場していた57組の多くは、そう思っていただろう。

富澤たけし

期待コンビの不振で、何かが起きる予感がした

大井競馬場での敗者復活戦は、まあまあ楽しくやれた。

いろんな場所に営業に行くけど、あんなに大勢のお客さんがいる会場は滅多にない。それに、だだっ広い所で漫才をやるのは、いいものだ。芝を吹き抜ける風が、緑の匂いをはらんでいて、高校時代のラグビーの練習をちょっと思いだした。

「街頭アンケート」のネタが、ここでも大いにウケた。お客さんたちの笑い顔も、声も、はっきり確認できた。負けたコンビが集まる会場とはいえ、あの雰囲気は嬉しい。

ネタ終了後、やれることはやったなと、満足して舞台を降りた。

伊達は、ハチミツ二郎さんや仲のいい芸人と、「元気してた？」「最近は何やってんの？」なんて話してた。**こいつは本当にお祭り気分だなぁと横目で見てた。**

サンドウィッチマンの出番の前後、僕は有名どころのコンビのネタはひと通りチェックし

ておこうと、楽屋でネタを見ていた。

この日の出場57組の芸人たちは、だいたい、ある人気コンビが勝ちぬけるだろうと予想していた。彼らは名実ともに頭ひとつ抜けていて、M-1チャンピオン候補の常連でもある。

ところが、そのコンビのネタが、爆発しなかった。

よくできていて、お客さんの笑いもとっている。でも、どこかソツがないというか、こっちが予想していたほどの、ドカン！　という爆発ではなかった。

そのとき近くにいた芸人たちも、ボソボソと言ってた。

「どうやら、このコンビが上がるんじゃないみたいだな」

「これで上がったら問題だろう」

「こりゃひと波乱ありか？」

僕も、同じことを感じ取っていた。

それからも、注目コンビのネタを集中して見た。よく覚えてるのが『NON STYLE』。ものすごいウケていた。客席はコンサート会場みたいになっていた。これこそ爆発、というぐらい。

（うわ、こりゃ僕ら負けてるな）

と思った。その後、実力派の『磁石』、『東京ダイナマイト』と続けて見た。面白くて、もちろんかなりウケてるけど、決定的と思うほどの大きい反応がない。その他、人気コンビをチェックしたけど、どこも出来は平均していた感じだった。

NON STYLEか？ いや、でも、勝ち抜け確実なのだろうか？

みんなが「こいつらだろう！」というコンビが不発だったせいで、にわかに出場者たちの空気がざわつき始めた。

誰が抜けても、おかしくない。

そこで初めて、僕は思った。

「サンドウィッチマンの敗者復活……ありえるぞ」

伊達みきお

大井競馬場、敗者復活の舞台は芸人たちの「天国」だった

　富澤は２００５年の準決勝進出のときから、決勝に行けなかったことを悔しがっていた。僕も悔しかったんだけど、準決勝まで連続で来られてよかったじゃないかと、正直、結果に納得していた部分がある。

　普段、僕らは「漫才」をやっていないから、よけいにそう思う。僕らは「コント師」だ。Ｍ-１決勝でのネタも、いつものコントを漫才スタイルに変換しただけ。ちゃんと漫才をやったら、伝統的な大阪弁のしゃべくり漫才には敵わないと思っている。

　Ｍ-１の後、世間から漫才師と呼ばれるようになったけど、これには少し抵抗がある。漫才のコンテストで日本一にはなったけど、それはあくまで結果。サンドウィッチマンは、ずっと漫才コントをやってきた。

　富澤との間では、自分たちのネタを「漫コン」と呼んでいる。「漫コン師」と呼ばれる方が、僕はしっくりくる。

大井競馬場での敗者復活戦は、楽しかった。

敗者復活戦に挑戦したのは、準決勝で敗れた57組のコンビ。100人を超える芸人で、待機場所は賑やかだった。仲のいい芸人がいっぱい集まってて、「元気してた？」「最近は何やってんの？」なんて話していた。

お客さんも、普段の営業よりケタ違いに多い。普段の営業よりも、やる気が出る。あんなだだっ広い場所で漫才をやるのは、本当に気持ちがいいんだ。

敗者復活戦は、テレビ的には「地獄」と呼ばれていた。「敗者復活は地獄からの生還」だと。

でも、出場していた僕らからすれば、敗者復活は芸人仲間がワイワイ集まって楽しむお祭りみたいなもので、雰囲気は「天国」だった。一度負けた者たちが再度の挑戦を許された場であり、みんなの顔は潑剌《はつらつ》としていた。

地獄に近いのは、むしろルミネでの準決勝本戦の方だった。みんな気が張っていて、観覧のお客さんも吉本ファンが多かったから、楽しくやれる雰囲気じゃなかった。あの感じに比べたら、大井競馬場は芸人たちのパラダイスだった。

一方、スベることは許されない場所だから、緊張感はある。準決勝まで上がったコンビが客前でスベるわけにはいかない。

といいつつ、どうせ選ばれるのは、僕らじゃないって思いこんでいたからか、周りがよく見えた。「街頭アンケート」のネタはどこでもウケるんだけど、このとき、いつもより多く笑ってもらえたような気がした。気負わず、リラックスしてたのが、逆によかったのか。

他のコンビのネタも見たけど、有名どころのコンビはさすがにピリピリしていた。当然だろう。**僕らのようにテレビ的には無名なコンビとは別のプレッシャーがあるに違いない。**

57組とも、それぞれ持ち味を出し切っていたんじゃないか。平均的に笑いが起きていて、スベッてる感じのコンビは、1組もいなかったと思う。その中で、サンドウィッチマンが、一番大きな笑いをとっていたなんて、僕は思ってもいなかった。

午後6時30分、決勝戦が生放送で始まった。

大井競馬場に中継のカメラが来たとき、57組は全コンビ、舞台上に上がっていた。司会のはりけ〜んずさんと中田なおきさんが最前列で、僕は人波の一番後ろの列、ハチミツ二郎さんの近くで、飛び跳ねていた。一番後ろにいたくせに、ちょっとでも前列のカメラに映りたかったから。でもカメラにはチラとも入らない。苦笑いして、ハチミツ二郎さんの側に戻った。

司会の3人は、冷たい風がどんどん強くなるなかで、誰が敗者復活するのかと雰囲気を盛り立てていた。

僕は完全に他人事だった。二郎さんと、「何を食って帰ります？」という、いつもの感じの会話をしていたのを思い出す。あ、でも東京ダイナマイトが抜けるかもしれないしな。そのときは残って、応援するか——などと、ぼんやり考えていた。

誰でもいいや。さっさと発表してくれよ。帰って、また来年に備えよう……と思っていたとき。

「敗者復活は、4201番、サンドウィッチマン——————!!」

の声が聞こえた。

そのコールは、天上から届いたように、わずかにエコーがかっていた。

富澤たけし

不思議なほど落ち着いて聞いた、敗者復活のコール

午後6時30分ちょうど。生放送の決勝戦が始まった。

大井競馬場に中継のカメラが来たとき、57組は全コンビ、舞台上に上がっていた。

僕は人波の一番後ろの列の、そのさらに左端に立っていた。

舞台上は人が多くて、前がまったく見えない。伊達は飛び跳ねたりしてカメラに映ろうとしていたけど、１００人以上の芸人がいるんだから映るわけがない。お茶目な奴だ。

僕は舞台の前を見ないで、後列にあるモニターを見ていた。

その直前、僕は前髪を鏡の前で直していた。

その姿をU字工事のふたりに見られていたらしい。後で、あいつらがうちの事務所のスタッフに「富澤さん、もしかして敗者復活でコールされて、カメラに映るって、わかってたんですか？」と聞いたそうだ。

その答えは……想像に任せよう。

司会の3人が場を盛りあげている。そのとき伊達は、ハチミツ二郎さんと、何を食って帰るか話していた。あいつにはもう、敗者復活は他人事だったんだろう。

『M-1グランプリ2007』のDVDの特典映像の密着ドキュメントでは、このとき、僕がチラッと映っている。

後で聞いたら、サンドウィッチマンが敗者復活決定だとカメラマンは知っていて、僕らに気づかれないようにカメラで〝抜いて〟いたそうだ。ちなみに、伊達は二郎さんと間違われていたらしい。無理ないな。同じ金髪でガタイがでかくても、二郎さんの方が目立つから。

決勝会場の今田さんに、敗者復活コンビが知らされる。今田さんは一瞬、ハッと驚いたような顔をした。

芸人たちが息を呑んでいるのが伝わる。

僕はただ、無表情で、モニターを見ていた。

不思議なほど気持ちは落ち着いていた。

そして。

「4201番、サンドウィッチマン‐‐‐‐‐‐‐‐‐‐‐‐!!」

のコールが聞こえた瞬間。会場全体がどよめく中。

僕は誰にもわからないよう、静かに拳をグッと握った。

その瞬間の気持ちは、「こんなこと、あるんだ！」という驚き。

思いがけないチャンスが、突然ふってくる瞬間が人にはあるというけれど、それがまさか、今、僕に訪れるとは！

普段はあまり感情がブレない方だけど、このときだけは「わ〜〜〜〜っ‼」という興奮が、ドッと押し寄せてきた。

コールされて、僕は急いで、人波をかき分けて前に出ようとした。

でもみんな前を見てるから、僕なんかには気づかない。ちっとも道を空けてくれなかった。

伊達はもう先に前に出ていた。はりけ〜んずの前田さんの「相方はどこや！」の声が聞こえてきた。

やっと前に出られた。最前列でライトを浴びて、拍手を受けた。

気持ち良かったな。お客さんがみんな「おめでとう！」「頑張って‼」と言ってくれるのが嬉しかった。

これが敗者復活者だけに見える風景か。

顔には出なかったけど、本当に感激した。

M-1は出来レースだ、なんて白けていたけど、心の底では、あきらめていなかった。もしかしたら決勝には出られるかもしれないと。

「うそだろ!」という感情と、「行けるときは本当に行けるんだ!」という手ごたえを、同時に感じていた。

決勝会場の今田さんからコメントを求められて、隣で伊達は上ずった声で「かき回してきます!」と答えた。何言ってんだこいつ? と思った。

でも、後で録画した映像を家で見ると、僕はダブルピースを出してみせたり、ところどころで舌を出したり、普段は滅多にやらないはしゃぎ方をしている。

冷静なつもりでいたけど、やっぱり普通じゃなかったんだろう。

伊達みきお

あんな大勢の拍手と歓声を浴びたのは人生で初めてだった

『M-1グランプリ2007』のDVDの特典映像には、当日の密着ドキュメントが収録されている。

敗者復活決定の瞬間から、チャンピオンが決定するまでをすべて収録していて、すごくドラマチックに仕上がっている。何度、見ても泣ける構成だ。僕の立場からしたら、泣けるのは当然か。でも、このドキュメントを制作した朝日放送の人も**「制作してるこっちも泣いちゃうよ」と言っていた。**

M-1後の今でも、大事な仕事に向かう直前は、必ずこのドキュメントを見て気持ちを上げるようにしている。

そのドキュメントを見るとよくわかる。敗者復活決定の発表の直前、ハンディカメラが僕と富澤を、こっそり抜いて撮ってるんだ。

このとき、撮影隊だけはサンドウィッチマンが敗者復活決定と知っていたらしい。でも上からのカメラは、ハチミツ二郎さんを寄りで撮ってた。後で聞いたら、サンドウィッチマンって誰だかわかんなくて、「金髪で身体のデカい奴を撮れ！」と指示されて、二郎さんと間違っちゃったとか。

敗者復活コンビ発表の瞬間、会場全体にドォーッというどよめきが起こった。「サンドウィッチマン？」「まさか!?」という、選んでくれたはずのお客さんまでも、半信半疑のような雰囲気だった。

僕もそのひとりだ。え!?　と思って、自分の胸の番号札を見直した。

でも、間違いなんかじゃない！

富澤も、あのとき、頭の電源スイッチが完全に切れていたと思う。

あの瞬間、自分がどこにいるのか、全然わからなくなった。二郎さんに「やった！　行って来い!!」と肩を叩かれて、もみくちゃにされながら、人波の前に押し出された。富澤がなかなか前に出てこなくて、あいつ、どこ行ったんだ？　と思った。

舞台の最前列に立った。あんな大勢の拍手と歓声を浴びたのは、人生で初めてだった。

ライトがすべて、僕と富澤に当てられて、MCの3人のマイクも向けられていた。テレビ朝日のスタジオにいる今田さんが「金髪の方は、事務所の社長さんじゃないんでしょうか！」と話をふってくれたのに、ちっとも面白く返せなかった。笑いをとる余裕なんて、あるわけない。

何が起こってんのか、全然わからない。

本当に、僕ら？　サンドウィッチマン？　マジで？

中田なおきさんが「サンドウィッチマン、ネタでは本当にウケてました！」と言ってくれた。嬉しかった。

コメントを求められて**「かき回してきます！」と言うのが、精いっぱいだった。**

今思うと、我ながらベストなコメントだった。


後日談だが、M‐1が終わってから、高田文夫先生のラジオ番組に呼んでもらった。

高田先生はM‐1をオンタイムでご覧になっていたらしくて、「2007年M‐1の本当の1位から5位ぐらいまでは、大井競馬場にいたんじゃないの？」とおっしゃっていた。さすが、見巧者《みごうしゃ》だなぁと唸った。

敗者復活戦での57組は、本当にレベルが高かったんだ。決勝経験組の東京ダイナマイト、アジアン、タイムマシーン3号、麒麟、スピードワゴン。人気者のオリエンタルラジオにNON STYLEに髭男爵、超新塾。実力派のパンクブーブー、三拍子、U字工事、ナイツ。若手急上昇のジャルジャル、ギャロップ、モンスターエンジン……どのコンビも、めちやくちゃウケてて面白かった。決勝だけじゃなくチャンピオンだって狙えたと思う。**この中でサンドウィッチマンがトップだなんて、僕が一番信じられない。**

大井競馬場で、僕らは結果的に1位だったけれど、決して、僕らが一番面白かったわけじゃないと思っている。他にも、面白くて実力のあるコンビはいっぱいいた。サンドウィッチマンじゃなくて別のコンビが呼ばれても、僕はきっと、悔しいけれど受け入れられただろう。あの大会は、本当に実力が拮抗《きっこう》していた。チャンピオンになれた僕がそう言うんだから、間違いない。

島田紳助さんは以前、「敗者復活から勝ちあがっての、優勝はありえない」と断言されていた。ところが、今回のこういう結果になっちゃった。誰の予想をも覆す、すごい大会だったんだ。

こんな貴重な大会で、チャンピオンの名前を残せたのは、誇らしいと思う。

富澤たけし

決勝はネタ1本で終わらせない。2本やるつもりで臨んだ

敗者復活で勝ちが決まるとすぐ、大井競馬場から、決勝会場のテレビ朝日まで移動することになった。

舞台を降りて、ステージ前を歩くとき「行ってこい、サンドウィッチマン！」「かましてこいよ！」という芸人たちの声に励まされた。

移動の車は、競走馬を運ぶ馬運車だった。しかも荷台に乗せられた。風よけも何もない、吹きっさらしのまま。ひどい扱いだなと思った。さすが〝地獄〟から生還した敗者。望むところだ。

車のエンジンがかかり、僕らは大井競馬場を出て行った。

外からは「頑張ってー！」という声がまだ聞こえる。僕は「ありがとう！」と手を振った。見ると、荷台にカメラマンが乗っている。「こっちにも生中継が来るんですか？」と聞いたりした。後でわかったのは、ＤＶＤの特典映像用の密着カメラだった。

僕はだいぶ、落ち着きを取り戻していた。

しかし。伊達の様子が尋常じゃなかった。

「うわーマジかーーーー！」

「すげえーーーー！」

と繰り返して、しきりに髪をかきあげていた。目の焦点も合ってない。ラグビー部時代からコンビで舞台に立ったときまで、**何度か見た、最大限にテンパッてる顔だ。**

無理もない。この数分前まで、僕も伊達も、M‐1は出来レースだと思っていた。また敗者復活のコンビは、事前に呼び出されて、決勝進出を知らされるっていう噂もあった。それが実は、誰にも結果を知らされない、ガチンコの正真正銘の、実力重視の漫才コンテストだった……といきなり突きつけられたんだから。

すごいな、M‐1って。

今さらだけど、怖いなぁって、ちょっと震えたよ。

とはいえ、いつまでもフワフワしてられない。サンドウィッチマンは、敗者復活できなかった他の芸人たちの代表でもあるんだ。絶対、寒い結果で終わらせるわけにはいかない。

僕にはもう、決勝戦のスイッチが入っていた。

すぐに、伊達に聞いた。

「ネタ、何やる？」

と。そうしたら。

「何も考えられねー！」

と即答しやがった。

はあ⁉

思わず噴き出した。頼むよ、お前。しっかりしてくんないと。ダメだこいつ、と思った場面は過去に何度もあるけど、今だけは困るって。

とりあえず2本目、何のネタだったらできるか？　もう一度、聞いたら、あいつは僕の目を見て、

「ピザ屋でいこう」

と言った。すると、あいつの目にも、フッとスイッチが入っていた。

よし。いける。

「ピザのデリバリー」は、あの状況でチョイスできる中では最高のネタだ。

もし全然ちがうネタを提案されていたら、そこでいらない言い争いになって、メンタルに微妙な影響が出たかもしれない。一発で、こっちの願うネタを出してくれたのは、さすが相方だ。

移動中、実は別のネタも、ネタ合わせしてみたんだけど。「あれ、ここは何だった?」「次なんだっけ?」って、お互いに詰まりまくる。そっちのネタも身体にしみついたネタだったのに、これじゃヤバい。すぐ捨てて、「街頭アンケート」「ピザのデリバリー」2本に絞った。あのとき、何でネタが詰まったんだろう……。わからないな。もし、あれを決勝でやっていたら、違う結果になっていたかもしれない。

馬運車で移動中、伊達は「決勝戦に出られるんだ!」という興奮でいっぱいだったろうけど、僕は「2本やれる」と、ひそかに信じていた。つまり決勝の場に行けるだけじゃなく、その先のファイナル決勝進出もありえるだろうと。

敗者復活の前に、今年の決勝戦に出るコンビ8組のネタは、だいたいチェックし、分析していた。

なるほど、よくできていて、面白い。上手さもスピード感も十分。M-1での戦い方を、しっかり学んできている精鋭ぞろいだ。

だけど、僕らも負けてないぞと思っていた。

少なくとも、この8組にまじれば。サンドウィッチマンが最下位にはならない自信があった。

伊達みきお
ファイナル決勝ネタ「ピザのデリバリー」にかける思い

僕と富澤は、競走馬を乗せて移動する「馬運車」の荷台に乗せられた。そのまま決勝の舞台、テレビ朝日に直行する。

私物は大井競馬場の楽屋に置いたままだった。後でマネージャーが、楽屋に残っていた芸人の私物の山から「たぶん伊達と富澤のヤツだよね」と見当をつけて、適当に持ってきてくれたけど。なんの準備もできないまま、あっという間に移動させられるんだって、そのガチンコぶりに本当に驚いた。

車の外から「がんばってー！」という声援も聞こえたけど、まだわけわかんなくて、返事もろくにできない。**瞼の動き、っていうか、瞬きが、ぜんぜん止まらなかった。人間って、ああいう状況に突然放り込まれると思考回路がツーッと止まるって、本当だ。**

実は芸人の間だけの、噂があった。M-1の敗者復活では、舞台上での発表の少し前に、勝ちあがりのコンビがスタッフにこっそり呼び出されて「用意しておいて」と言われると。

あくまで噂だったけど、これだけ大きい大会なんだから、ありえない話じゃないなと思ってた。

それに、僕にも富澤にも、密着のカメラが全然来なかった。**ちっとも番組からマークされてないなと思っていた**し、文字通り期待はゼロだった。それがいきなり、勝ち名乗りを受けて、敗者復活だからね……。

だからこそ、この瞬間、やっと、M-1グランプリは正真正銘、ガチンコの真剣勝負なんだなと思い知らされた。怖くて、少しブルッとなったよ。

一方。富澤は、馬運車に乗せられてすぐに、

「何やる？」

と聞いてきた。あいつはもう、決勝戦に臨むスイッチをオンに変えていた。大した奴だ。

僕は反射的に、

「何も考えられねぇ！」

と答えた。富澤は「!?」となってた。そりゃそうだろう。

落ち着け、と自分に唱えて、

「よし、ピザ屋でいこう」

と答えた。

サンドウィッチマンの代表作と言っていい、自信のネタだ。というかあの状況で、すぐやれそうなネタが、ひとつしか思いつかなかったんだ。

「ピザのデリバリー」は、稽古も含め、営業先やテレビでやった回数は、100回を超えるだろう。どこでやっても必ずウケる。肝心なオーディションでも、だいたい受かった。サンドウィッチマンの最大の宝物であり、僕らを世に出してくれた、自慢のネタだった。

ブラックマヨネーズは、M-1の2005年大会、ファイナル決勝での「ボウリング」のネタを、成仏・封印させたと言っている。あんなに面白いのに。気持ちはわからないでもないけど、ちょっともったいないと思う。

サンドウィッチマンの「ピザのデリバリー」は、そういう感じじゃない。これから一生、どんな現場でもやり続けるだろう。

伊達みきお

移動中にハチミツ二郎さんから届いたメール

馬運車は都心へと向かってゆく。目に入る街並みがビルの連なりに変わり、街灯やショップの明かりが、冬の澄んだ空気のなかで煌々《こうこう》と灯《とも》っていた……。

と、そんな景色を楽しむ余裕は、僕にも富澤にもなかった。本当にこれからテレビ朝日で漫才やるのか⁉　という不安で、押しつぶされそうだった。

そのとき。時間は7時16分。

メールが届いた。

ハチミツ二郎さんからだった。

文面は――。

「伊達ちゃん！　喰らわせろよ！　行けるぞ優勝！」

グッと胸が熱くなった。

大井競馬場を出て、直後のことだ。誰もが「まさか！」の余韻に浸っていただろう。さっさと帰ってしまった芸人もいたかもしれない。そんななか、ひとりだけ、誰も予想しないはずの「優勝」の文字を使って、励ましてくれた。

僕がもし逆の立場だったら？　自分ではなく、後輩が敗者復活したら？　同じメールがすぐに送れただろうか？

なんだかいろんな感情がこみあげてきて、泣きそうになった。

「ありがとう……二郎さん！　絶対、決勝をかき回してきます!!」

そう誓ってメールを富澤にも見せた。あいつも、すごく喜んでいた。

二郎さんの心意気のこもったメールで、僕らは平常心を取り戻すことができた。そのメールは今も、携帯電話に保存してある。

富澤たけし

アウェーの空気に包まれていた決勝戦会場

移動中、伊達はハチミツ二郎さんからメールをもらって感激していたらしい。
そこには「優勝あるぞ！」と書かれていた。
なんて優しい先輩なんだ。僕も、すごくありがたかったし、勇気が湧いた。後輩に対して、ああいう気遣いのできる芸人になりたいものだ。

馬運車が都内で渋滞にハマってしまった。スタッフが慌てて来て「バイクに乗って！」と言う。見ると、2台のバイクが用意されていて、僕と伊達は何だかわかんないままフルフェイスのヘルメットをかぶらされて、ライダーの後ろに乗せられた。コート1枚だったから、走り出すとすごく寒い。スピードもかなり出てて怖かった。**決勝進出のコンビに、ずいぶんな仕打ちだなと思った。**

テレビ朝日に着いたら、たくさんの人が集まってて、メインの入り口に木村祐一さんがいらした。きちんと挨拶したかったけど、そんな場合じゃなかった。

「すぐ控え室に行ってください！　早く！」って誰かに怒鳴られた。どこだよ知らないよ、そんなの。こっちは今到着したんだ。事前に聞かされてたみたいな体《てい》で言うなよ。『虎の門』で何度か来たテレビ局だけど、あんなに慌ただしくせっつかれる雰囲気は初めてだ。

僕らはふたりとも、まずタバコを1本吸いたかった。

そうしたらスタッフは、喫煙所は決勝のステージ横の、たまり場しかないっていう。わけもわからないまま、たまり場に連れて行かれた。あれは本当だったのかな。タバコを吸う場所なんて、テレビ局にはいくらでもあるだろうに。時間がぎゅうぎゅうに押してたから、一刻でも早く僕らを本番会場に誘導したかっただけなんじゃないか。

たまり場には、ファイナリストのコンビたちが、ずらりと勢ぞろいしていた。

おそろしい空気だった。〝緊張感〟が、手で触れることができそうなほど、みなぎっている。

親の死に目にでもあったような顔をしている人もいたし、全身から見えない刺《とげ》が立っているような人もいた。どういうわけか、**あれだけ人がいるのに、テーブル上の灰皿のタバコのケムリがまったく揺れてなかった。空気が、濃密に凝縮されているのだ。**

出演者はみんな、これから戦地の最前線に送りこまれる、兵士みたいだった。

そこはまさしく、**M‐1の本当の「地獄」＝決勝の舞台だった。**

到着したとき、ちょうどトータルテンボスさんが舞台のセリを上がってゆくのが見えた。たまり場では、ザブングルのふたりだけが、「よう来ましたね!」って、握手して歓迎してくれた。彼らは僕らと同じく、吉本以外の事務所だったし、ファイナル敗退が決まってたようで、他よりもリラックスしていた。何か気の利いたことでも言いたかったけど……そんな空気じゃない。

僕らが多少なりともテレビ的に有名な人気コンビだったら、あんな空気じゃなかったんだろう。スタッフ側の「誰だ、おたくら?」という視線が痛かった。

スーツ姿のスタッフが妙に走り回ってた。後で聞いたら「あいつら、どこの事務所や!」と大騒ぎになっていたらしい。調べておけよ、そんぐらい。こちとら準決勝に3年連続で出てるんだ。

別に周りがどんな感じでも、平気だった。

ちなみにそのとき、フラットファイヴのマネージャーは、現場で黙ってうつむいて、騒ぎに巻きこまれないようにしてたって。

あと何分で出番なのか、誰も教えてくれない。それでも気にしなかった。とにかくネタだけ、しっかり固めておくことを考えた。

完全アウェーの場所に呼ばれるのは、一度や二度じゃない。そんなので萎縮するほど、青くはない。

なめるなよ。

僕と伊達は、たまり場で1本、タバコを吸った。ふうとケムリを吐いて、やっと普段のテンションに戻ることができた。

そして淡々と、ネタ合わせを始めた。

伊達みきお

決勝戦の「地獄」の空気

車が渋滞にハマってしまって、僕らは急きょバイクに乗せ替えられて、テレビ朝日に急行した。

到着予定の時刻ギリギリに、テレビ朝日のエントランスに着いた。『虎の門』で何度かお世話になった場所だけど、この夜に見た光景は、全然違って見えた。関係者らしい人が大勢いて、ライトがまぶしく照らされている。こんな物々しい雰囲気のテレビ局だったっけ？

スタッフから、すぐ中に入って！　と指示される。ふたり小走りで、テレビ朝日の中に入った。「すぐ控え室に行って！」と誰かに怒鳴られたけど、それがどこだかもわからない。

僕は喉がカラカラで、興奮しっぱなし。とにかく、ひと息つきたかった。

スタッフの人に、

「タバコ吸っていいですか？」

と聞いた。すると「ここじゃダメです」と。じゃあ、どこならいいの？　と聞いたら、

「本番会場の脇のたまり場ならＯＫです」

と言われた。

それで僕と富澤は、控室にも行かず、トイレで髪も直せないまま、ファイナリストたちの集まる場所に直行したんだ。

「何だこの、おっそろしい空気……!?」

あんなに外は騒がしいのに、たまり場は水をうったような静けさだった。

出場コンビの誰もが、うつむいて座っていたり、立ってブツブツとネタを練習していたり、余計な話し声は一切聞こえない。地獄の閻魔《えんま》様の前に並んで、最後の審判を待っている罪人たちみたいな……すごい空気だった。さっきまであんなに大井競馬場で楽しかったのに。場の空気の落差に息を呑んだ。

「Ｍ-１の決勝の雰囲気は、出た奴にしかわからない恐ろしさがある」と、過去の決勝出場コンビはみんな言ってたけど、こういうことか……と、初めてわかった。

ザブングルのふたりだけが、「よう来ましたね！」って、握手して歓迎してくれた。「悔しいです！」のブサイク顔を見られて、少しホッとした。

他は、知らない芸人ばかりというわけじゃないけど、誰にも話しかけられない。空気がピリピリを通り越して、ピーンッて尖《とが》ってて。それぞれ顔は笑ってるんだけど、芸人だけにわかる、「完全戦闘態勢」っていうのか。**僕らの方なんか、誰もチラ見もしない。**

とりあえず僕と富澤は、たまり場でタバコを1本吸った。そこでようやく、気持ちがひとつ、落ち着いた。

周囲の尖ったムードに背を向けて、ケムリを吐きながら、富澤と向かい合った。

その少し前。決勝の会場に着いたとき、ステージはまさにトータルテンボスの出番の瞬間だった。

セリから舞台に上がっていく藤田さんと大村さんの姿が、ステージの横からチラッと見えた。アフロヘアの藤田さんが、こっちに手を振ってくれたから、僕も、スッと右手を挙げて返した。

「ついに来たね！」「負けねえからな！」という、一瞬の、僕らの無言のエール交換だった。

トータルテンボスの藤田さんは、サンドウィッチマンが初めて準決勝に上がった2005年からの、仲のいい友だちだった。

最初はお互い、見た目が怖いからビビり合ってたんだけど、ちょっとずつ話してると、同じ野球好きだったりして、少しずつ打ちとけた。その後、ハチミツ二郎さんの誕生日会で再会して話しこんでから、友だちになった。

僕にとって藤田さんは、「テレビにたくさん出ている、有名で面白い人」。M-1の決勝には今回を含めて3回も出ているし、完全に格上の存在だ。47都道府県ライブツアーという途方もない実績をつくって、優勝候補の筆頭にも挙げられていた。トータルテンボスのファイナル決勝行きは、固いなと思ってた。

だけど後にわかったことだけど。藤田さんは、密着ドキュメントのスタッフに、**決勝にどのコンビが来てほしくないか？** と聞かれて、すかさず「サンドウィッチマンか、パンクブーブー」と答えたらしい。

彼は敗者復活戦をどこかで見ていて、サンドウィッチマンは要注意だと感じたそうだ。「漫才の地肩の強さと、オーソドックスなスタイル。見た目は変わってるけど、ボケとツッコミで展開する王道のネタ運び。サンドウィッチマンとトータルテンボスは似ている点が多いんだ」と藤田さん談。

実際にサンドウィッチマンが敗者復活でコールされたとき、藤田さんは、「よっしゃっ！」という仲間としての喜びと、「やべえっ！」という焦りが、同時に押し寄せてきたって。ちょっと照れるエピソードだ。

ここで僕もひとつ、本心を記そう。

後に決勝のすべてのコンビのネタを、全部ＤＶＤで見てみて、

「トータルテンボスにならら、負けても納得できる」

と思った。

伊達みきお

背中を見送ってくれた者たちの熱い視線

サンドウィッチマンが敗者復活してから、大井競馬場は大変なことになっていたらしい。

残った56組の芸人のほとんどが帰らずに、決勝放送中のモニター前から動かない。

これはM-1の決勝では異例のことだった。何かが起きる予感を、みんな感じていたんだろうか？

局側の本スタッフが、大井競馬場の撮影隊に「こっちに戻って来い」と言ったけど、「いま大井が大変なんです！」って、モニター前の様子をカメラで撮り続けていたと聞いた。敗者復活会場に撮影隊が残ったのも、異例だったそうだ。

芸人それぞれ、パイプ椅子に座ったり地べたに座りこんだりして、食い入るように決勝の生放送を見ていた。M-1グランプリのDVD特典映像のドキュメントでは、そのときの様子が詳しく記録されている。

モニターを見る芸人たちの最前列、ど真ん中の一番いいポジションに、ハチミツ二郎さんが座ってた。そのすぐ横に、後輩のタイムマシーン3号・関と、超新塾のドラゴンもいる。

二郎さんの顔がまた……たまらないんだ。兄貴みたいな、父親みたいな顔で、サンドウィッチマンの出番を見守ってくれている。

あの人はそれまで、準決勝で負けたら「なんで俺らを選ばないんだよ!」ってすごい剣幕で怒って、帰っちゃっていた。特に2005年の敗者復活では、どうみても東京ダイナマイトが一番ウケてたのに、勝ちあがれなくて。あのときの悔しがり方は、忘れられない。

その二郎さんが、会場に残り、モニターの前に陣取って、満面の笑みで僕らの漫才を見てくれている。「頑張れよ、伊達ちゃん!」っていう、心の声まで聞こえてきそうだった。

何度見ても、このシーンは涙がこぼれそうになる。

二郎さんはいつも、深夜のファミレスで、笑いの芸の相談に真剣にのってくれた。「そこはこうしたらいいんじゃない?」って、わかりやすいアドバイスをくれた。見た目だけじゃなく、本当にでっかい芸人だ。あの人がいなかったら、僕はいまのツッコミスタイルを、完成させられなかっただろう。

夢の決勝の晴れ舞台。

富澤たけし

アウェーの中でウケる瞬間が最高に気持ちいい

決勝戦の後半。9組目に、僕らの出番が来た。

テレビで聞いた、あのFat boy Slimの「Because We Can」を加工した出囃子と、色鮮やかな照明。大御所の審査員の方々。憧れに憧れぬいた、晴れの舞台だった。

ネタの冒頭、「名前だけでも覚えて帰ってください」と言ったときは、万感の思いだった。

ここに来られたんだなと。マイクを前にして、喜びをかみしめた。

そこは2002年から挑戦し続けてきた、いちばん高い場所にある、山頂だった。

ちょっとだけ、時間が止まってくれないかな――なんて思っていた。

「街頭アンケート」のすべりだしは上々だった。

伊達はこっちの目を見て漫才をするけど、僕はなるべく合わせないようにしている。目が合うときって、だいたいネタがうまくいかないか、スベってるときだから。あいつの「ど、どうする？」っていう目の変化はすぐわかる。

なるべく街頭アンケートのキャラクターになりきって、ネタを進めるのに集中した。

「このアンケートをどこで知りましたか？」

「お前だよ！」

のくだりでドッとウケて、会場の空気がフゥッとウェルカムに変わった。

いつものことだ。僕は平静だった。

誰も笑ってくれそうもない地方の営業に行っても、このポイントだけは絶対に笑いがとれる。テレビでは『エンタの神様』でしかやったことがない。M‐1の決勝でやれば、きっちりつかめる確信はあった。

読みどおり、ウケた。

みんなの耳がこっちに集まる、つまりみんなが味方になる瞬間だった。これがいつも、最高に気持ちいい。

逆に、ここでつかめなかったら、もうお手上げだ。いったんお手上げ状態になったら、後は伊達と何度も何度も目が合って、ドツボにハマってゆく。ここではそうならなくて、まずはホッとした。

後はもう、ドライブがかかったように、思いどおりのポイントで笑いが起きる。サンドウイッチマンのペースに、お客さんを巻きこんでいけた。

大井競馬場で何千人もの笑い声を聞いた後だったから、ちょっと小さいかな？　とは思ったけど、笑いの手ごたえはきちんと感じていた。

他のコンビのネタを生で見ていたわけじゃないから、どのくらい成功していたのかは、わからない。でも悪い結果にはならないだろうとは思った。

後で聞いたことだが、サンドウィッチマンのネタ中に、たまり場で机をドン！　って叩いたり、イスを蹴ったりしている芸人がいたらしい。僕らの存在を強く感じてもらえたんだと、誇らしく思う。


やりきった感とともに、ネタを終えた。

ステージを降りて、司会の今田耕司さんがインタビューしてくれる。伊達はまだ、ポーッとしている感じだった。

今田さんにコメントを求められて、僕は、応援席にいた三倉茉奈・佳奈姉妹に、

「ふたりのブログで、M-1決勝コンビの予想に、サンドウィッチマンが入ってませんでした。今日、ざまあみろと思いました！」

とボケた。見事にスベッた……。

もちろん冗談なんだけど、ちょっと本気でもある。**大手事務所のコンビでもない。賞レースに縁がない。若くもないし、イケメンでもない。そんな僕らでも、ここに来られるんだ。**

お笑いに詳しい論客を気取っておきながら、M-1でサンドウィッチマンを完全に無視していたすべての人たちに、「見たか！」と言ってやりたい気分だった。

伊達みきお
「かき回してきます」というコメントが決勝で実現した

決勝戦。いよいよ、僕らの出番が来た。

あんなにも憧れた、晴れの舞台だったけど、正直、ネタをやり切ることに集中していて、感慨に耽《ふけ》る余裕はなかった。

1本目は「街頭アンケート」。すべりだしは上々だ。

富澤も落ち着いている。後で、M‐1の決勝を録画で見ると、あいつは舌をペロッて出したり、両手でピースして見せたり、茶目っ気のあるところを見せている。普段はそんなご機嫌なことしないのにな。イラッとした。いつも、そういう感じでいてくれたらいいのに。まあ、あいつも普段のテンションじゃなかったんだろう。

ネタ中、僕は割と相方の目を見る。ウケてねぇなぁ、どうする？　っていう無言のサインを出すときもあるし、富澤が乗ってるときと乗ってないときの感触を見極めることもある。

この決勝のときは、いたって普通だった。

意外なほど、ネタに入ると神経を集中できた。

決勝は、地方の営業でしょっちゅう経験した、あの〝完全アウェー〟の雰囲気だった。「このふたり誰？」という空気のまま、ちょっと微妙な感じでネタが始まる。まあ、見た目がこれだから、ひと目惚れなんかしてもらえないコンビだし、しょうがない。

だけど、どんな場所でも僕は思っている。ネタを最後まで見てくれ！　絶対に面白いから！　と。**富澤の書くネタは、本当にすごいんだ。**ちゃんと聞いてくれたら必ず満足させられるから！　いつも、そう祈って漫才をやってきた。

完全アウェーは慣れっこだ。僕らは淡々と、ネタを進めた。

正直なところ、最下位にはならないだろうと思っていた。敗者復活で決勝に来た勢いを、自分で感じていたから。それに審査員は、みんな超一流のプロ芸人だ。これが女子高生ばかりのゴングショーだったら、ドンケツで負けかもしれないけど。M-1はちゃんと、実力を見てくれると信じていた。

ネタの最初のブレイクポイント、「このアンケートどこで知りましたか？」「お前だよ！」のくだりで、ドッと笑いが起きた。

このとき、スタジオの空気が、「こいつら面白いかも！」という、ウェルカムの空気にサッと変わった。予定通りだ。

スベッた！　という失敗だけ避けて、いつも通りにネタを進めた。

終わらせたとき、やっと、ふぅっと安心のため息をつけた。

舞台をはけて、司会の今田さんのもとに行く。そのとき、初めて審査員の方々を見ることができた。とても直視できなかったけど。うわ、マジでM-1の決勝だ……という興奮が、再びじわっと押し寄せた。

審査では、やはり島田紳助さんと松本人志さんの得点が気になった。松本さんの評価は本当に見逃せない。僕は『ダウンタウン』で育ったど真ん中世代だし、若手芸人にとって唯一無二の、笑いのカリスマ。あの人からどう評価されるのか、30歳前後の若手芸人なら誰だって気になるだろう。

さらに緊張したのは、紳助さんの得点だ。紳助・竜介さんは漫才の頂点を極めた天才コンビであり、DVD『紳竜の研究』は擦り切れるかと思うほど見た。僕だけじゃなく、M-1に出場したすべてのコンビにとって、神様みたいな人だ。紳助さんからの評価で、これからの漫才師としての指針が決まるかもしれない、それぐらいに思っていた。

もちろん他の審査員の方々の評価も、すごく気になることには違いないし、それぞれの方のコメントが本当に勉強になった。なんてったって、審査員はみなさん、手の届かないような大御所の実力者ばかりだ。そんな方々に真正面からコメントをいただけるなんて、こんなありがたいことはない。

得点発表の瞬間。

松本さん紳助さんのおふたり、何とか高得点を出してくれ！　と祈っていた。

そうしたら、95点と98点。**その日の決勝進出コンビ中、最高の評価だった。**

そして総得点は、651点。2位のキングコングを1点抜いての1位通過だ。

大歓声が起きた。耳鳴りが、わんわん聞こえた。

この日、2度目のまさかの瞬間だった。

突然、富澤が抱きついてきた。高校時代から、一度もそんなことしたことないのに。**やり慣れてないもんだから、あいつの腕がメガネに当たって、ずり上がった。**「いてえなこの野郎！」というのが、最初の感想だった。

紳助さんからは「おもろい漫才やった」とべた褒めしていただいた。オール巨人師匠からは「なんでこれだけのコンビが敗者復活に回ってたんや」と言ってもらえた。かき回してきます！　というコメントが、実現した瞬間だ。

僕は、それだけで、もう大満足だった。

伊達みきお

アンタッチャブル・柴田さんからのエール

本当は絶対にやっちゃいけないことだけど。

この決勝の舞台で、僕はポケットにプライベートの携帯電話を入れっぱなしにしてしまってたんだ。誰かに預けておくのを忘れてた。

ネタが始まったぐらいに、「やべっ！」と気づいたんだけど、もう間に合わない。

ネタ中、携帯電話はずーっとポケットの中で「ブーブーッ」って、バイブ音が鳴りっぱなしだった。もし着信音が出てたら……生放送のネタがめちゃくちゃになってただろう。今思うと、冷や汗ものだ。

1本目のネタが終わって、1位通過が決まった後。携帯の着信を見た。

ものすごい数の着信とメールが届いてて、驚いた。みんな「おめでとう！」「頑張れ！」っていう芸人仲間や友だちからの連絡だった。ここでまた、勇気づけられた。

そのなかに、アンタッチャブルの柴田さんからのメールもあった。

あの人は当時、肝臓の病気で長期入院されていて、**病院のベッドから連絡してくれたんだ。**

柴田さんには、以前からよく面倒を見てもらっていた。周りからは、関西以外のコンビのM-1優勝はアンタッチャブルで最後だと言われてたけど、会うたびに柴田さんは、「サンドウィッチマンも必ず優勝できるよ、めげずに頑張れ！」と励ましてくれていた。後で聞いたら、トータルテンボスをはじめ東京のコンビで力のある若手には、みんなに同じこと言ってたらしい。柴田さんらしいな。

その柴田さんからのメールが、これだった。

「伊達!!　優勝おめでとう！」

って。

まだ1本目が終わったばかりなのに。すごい。柴田さんは1本目を見ただけで、サンドウィッチマンが優勝できる！　と確信したんだって。チャンピオンになった人は、何かを見通す力があるんだろうか。

大変な病気なのに、僕らの舞台をちゃんとチェックしてくれて、しかも励ましてくれるなんて。ハチミツ二郎さんといい、僕は本当にいい先輩に恵まれている。

柴田さんからのメールで、さらに奮い立った。

残すは、ファイナル決勝の舞台だ。

富澤たけし

思いがけないタイミングで、伊達と意見がぶつかった！

得点発表の瞬間。

最初、意外だったのは大竹まことさんとラサール石井さんの点数が、割と低かったことだ。おふたりとも東京の芸人さんだから、東京組の僕らには少し甘くしてくれるかな……という淡い期待もあったんだけど。やっぱり審査はシビアだ。

でも、松本人志さんと紳助さんの点数が高かったのは、嬉しかった。95点と98点は、その日の決勝進出コンビ中、最高の評価だった。

伊達も同じことを思っているだろうけど、このおふたりに高い評価をもらえるというのは、若手芸人にとっては、嬉しいことなんだ。松本さんが仮に１００点を出してくれたら、一生自慢できるだろう。

そして最終結果は――。

総得点、６５１点。2位のキングコングを1点抜いての1位通過だった。

僕は思わず、伊達に抱きついた。あいつのメガネがずれたけど、気にしない。心のどこかで、「こうしたら感動的に映るんじゃない？」という、やらしい気持ちもあった。

1位通過した瞬間、してやった！　という喜びはもちろんだけど、伊達の言った「かき回してきます！」のコメントが、恥ずかしい結果にならなかったことに、まずは安心した。

ファイナル決勝のネタは「ピザのデリバリー」でいこうと決めていた。

サンドウィッチマンの現時点での、看板ネタのひとつ。番組のオーディションでも、地方の営業でも、どこでも満足な結果を出せる自信ネタだ。

ファイナル決勝にまで来ると、明確に思い描いてたわけじゃない。でも最終の3組に残れたら、こういう戦い方をしよう、ああいう「間」で攻めようという、シュミレーションは十分にできていた。

M-1チャンピオンなんて、夢のまた夢でしかなかった。だけどもし、現実にチャレンジできるのなら、ステージで慌てふためかないための筋肉はしっかりつけておこうと準備してたんだ。

ところが。ここでひとつ問題が起きる。

ネタ順を決めるときに、伊達が「1番で行こう！」と言いだしたのだ。

はあ、何言ってんだこいつ⁉　とびっくりした。

伊達の言い分としては、1位通過で勢いがついてるから、その流れに乗って行けばいいと。それで結果を残せた方がカッコいいじゃん！　みたいなフシもあって。**バカかこいつは……と頭を抱えた。**

キングコングとトータルテンボスのネタは、スピードとパワーがある。そういう意味では似たタイプのネタ運び。一方、「デリバリー」はスピードではなく「聞かせる」タイプのネタ。このネタで勝負するなら、似たタイプのネタを2つやってからの方が有利。逆にトップバッターや二番手では、後にやる組の方がスピードがある分、面白く感じられてしまう。それに、スベッたらそれはそれで面白いし。**何を血迷ってんだ、こいつは。**

この期《ご》に及んで、僕と伊達は言い争いになった。本番中だってのに。

「ダメだよ！　3番目で行こうよ」

「いやいや、トップバッターの方がいいって！」

「違うだろ！　当然、トリのが有利なんだからさ！」

「でも今の勢いがなくなっちゃうだろ！」

ぐぅぅ、困った。

わかってくれない。

僕は過去のM‐1を分析していて、ファイナル決勝の出番でトップバッターを務めたコンビは、1組も優勝していないというジンクスがあるのを知っていた。あえてそのジンクスに挑戦するというカッコ良さは確かにあるけど、今の僕らが、カッコつけられるようなコンビか!?

ファイナル決勝が始まる直前のCM中、僕は伊達を説得した。

時間は数分間しかない。

焦った。

あんなに必死に、あいつを口説いたのは、コンビ結成を頼んだとき以来だ。

とにかく1番手だけは避けなきゃダメだ。ジンクスもあるし、トータルテンボスとキングコングの仕上がりぶりを見ろ、先手になったら、絶対に不利になる。それに大井競馬場から連れて来られて「ピザのデリバリー」はネタ合わせできてないだろう！　前の2組がネタやってる間に少しでもネタ合わせしなきゃダメだ。……などと、ありとあらゆる言葉を駆使して伊達に折れてもらおうとした。

このときが、さっき書いた、僕の譲れない場面だった。

CMが明けた後、3組がステージ上に並ばせられた。

今田さんが、ネタ順を1位通過の僕らに最初に聞いた。

伊達が答えようとする。僕は平気な顔をしてたけど内心では、手を握って祈っていた。頼む伊達、トリでいってくれ……。

すると。伊達は堂々と「3番で！」と答えた。

誰にも気づかれないよう、僕は安堵《あんど》のため息を、鼻からフゥゥとついた。

これで万全の態勢で、ファイナル決勝に臨める。

はずだったが……。

ネタ中に、サンドウィッチマン史上、最大のピンチがふりかかった。

富澤たけし

ネタが飛んだ！　ついにここで死んだ……と思った

「ピザのデリバリー」のすべりだしは、営業の舞台と同じ手ごたえだった。
遅れてきた配達人が「配達に行くかどうかで迷ってました」と言う頭のボケで、スタジオにドッと笑いが起きた。こうなったら、後は研究した通り。4分間での、最も効果的で笑いのとれる、デリバリー・M-1バージョンを展開するだけだ。
今日はさすがに、伊達のアドリブのツッコミはない。「街頭アンケート」での「早くしろよ、焼きたてのメロンパン売り切れちまうだろ」といったツッコミなど、あいつが舞台上で思いついたネタもけっこうある。プッと笑わされるから、「アドリブはやめろ！　ネタが飛んじゃうから！」と怒るんだけど、伊達は一向にやめる気配がない。まあ、結果的にネタが面白くなってるからいいのかもしれないけど、度が過ぎるようだと、もっと毅《き》然《ぜん》と抗議しなきゃな。
アドリブもほどほどがちょうどいいんだ——と、ネタ中にぼんやり思っていたら。

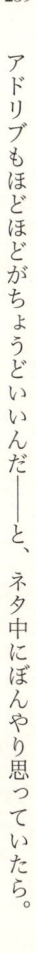

「腹たつなぁ、お前。……ムカつくなぁ」

と、伊達がツッコミを、2回繰り返した。

ん⁉

2回目の「ムカつくなぁ」は台本にない。

意識的に伊達の視線をずっと避けていたけど、その時パッと目が合った。

伊達が、目でSOSサインを送っている！

ヤバい！　こいつ飛んでる！　次のネタが思い出せてない‼

（どうしよう……‼）

いきなり訪れた、緊急事態のトラブルだ。

そこまで何もかも順調だったから、僕もパニックだった。このくだりで、過去、ネタが飛んだことは一度もない。しかもネタが飛ぶのはだいたい、僕の方だった。それが、このときに限って、いきなり伊達に来た。

最悪なのは、伊達の「飛び」が瞬時に伝染して、その先のネタを僕も思い出せなかったことだ。

（マズい……‼　フォローしてやれない‼）

脳の中はＦ１エンジンのようにフル回転した。

どうする⁉　ここのネタはカットするか、だとしたらどこから始める⁉

あそこか、ここか⁉　いや、あのくだりだ‼

待て、それだとオチまで4分を切る‼

じゃあ、あのネタを代わりにさしこむか⁉

ダメだ、その後の流れにつながらない‼

どうしたらいい⁉

何か思いつけ‼

すると——伊達が。

「ふざけてんだろ、お前！」

と、フッとネタを思い出してくれた！

ホッとした……そこからは僕も気持ちを立て直して、「ピザのデリバリー」を順調に進めることができた。

焦った。本当に、ヤバかった。

このトラブルの間は、コンマ1秒、あるかないかだ。

たぶん見ている人は、僕と伊達がパニックになっているなんて、気づかなかっただろう。

でも僕は、本気で「あっ、死んだ……‼」と思った。ここまで上がってきて、憧れの場所で、夢だった漫才をやれて……ここで失敗するのか！　と、膝をガックリつきそうだった。

もし伊達がネタを思い出さなかったら、あの後、ふたりで意識を失ったようにマイクの前に突っ立ってただろう。沈黙は1分か2分か……完璧な放送事故の映像だ。日本中のお笑いファンが見ている、視聴率20パーセントを超える番組で、そんなことをやらかしたら、芸人を強制引退させられても仕方ない。

あの一瞬のトラブルを楽しめるほど、僕の器はデカくない。**全身の血液が急に冷水になったかのような、戦慄《せんりつ》のトラブルだった。**大げさじゃなく33年の人生が走馬灯のように脳裏をバーッと駆け巡った。

人生で初めて体感する最高の昂揚《こうよう》をくれたM-1の決勝。

逆に、M-1の真の怖さも、突きつけられた。

なめたら、大変な目にあうんだ……。

『M-1グランプリ2007』の特典映像の密着ドキュメントで、このファイナル決勝の直後の、僕の映像が映っている。

舞台の袖で、膝に両手を置いて、大きくうつむいた後、泣きそうな顔で天を仰いでいた。

M-1という舞台に棲《す》む、気まぐれな魔物と、気まぐれな女神の圧倒的な力に、ただ呆然《ぼうぜん》としている、飾りのない素の表情だ。

伊達みきお

サンドウィッチマン史上、最大のピンチがネタ中に起きた！

「ピザのデリバリー」は、ピザを頼んだ客（伊達）とムカつく配達人（富澤）の応酬で繰り広げるネタだ。

配達時間に遅れてきた配達人が「行くかどうかで迷ってました」と言う頭のボケで、グッと場をつかんだ手ごたえを感じた。空気が、営業のときと同じ、確かなウェルカム感に変わった。よしよし、順調だなと思った。

「責任者（を呼べ）」という僕の言葉を「テクニシャン（を呼べ）……ですね」と聞き間違える富澤のボケに対して、「面白そうだな、待ってみようか」というツッコミは、僕のアドリブで生まれた。ドンとウケるし、けっこう気に入っている。ツッコミの部分は、富澤は基本的に空白にしてくれる。僕はそこに勝手にツッコミの言葉をはめていくんだけど、ネタの直前まで、何を言うかは富澤に教えない。舞台上で披露して、あいつをプッと笑わせたいからだ。

富澤は「ネタが飛んじゃうから、やめてくれ」っていつも言うんだけど、やめない。言ったら、つまんないから。**あいつが舞台で笑うのが、こっちも楽しいし、追いこまれる顔を見るのも好きだ。**よくそれで小さいケンカをしたよ。

あいつとはしょっちゅうケンカするけど、殴り合いになったことは一度もない。そこまで腹が立ったことがないんだ。もし何かがブチッとキレて、お互いに手を出し合ったら、そのときは解散だろう。でも、たぶんないような気がする。何でだろう、16歳のときから一緒にいるからか、お互いに兄弟みたいな感覚かもしれない。兄弟だったらどんなにケンカしても、兄弟の関係はなくならないだろう？　これを仲睦《むつ》まじいコンビと言うのかどうかわからないけど。ともかく、漫才の相方としては誰よりも頼れる奴だ。

というようなことを、ぼんやりネタ中に思い出していたら。

ん、あれっ……。

あっ⁉

ネタが——飛んだ‼

僕はこのとき、ネタを忘れてしまったんだ。

(次……何を言うんだっけ⁉)

と。頭の中は沸騰してパニック。

富澤と目が合った。あいつも気づいたようだ。

（だ、大丈夫か⁉）

と目が揺れた。富澤も、どうしていいかわかってなかった。

M-1グランプリ決勝、ファイナル。生放送。ネタの大トリ。何台ものテレビカメラ。大御所の審査員の人たち——。いろんなプレッシャーが一気に、固まりになって僕にのしかかってきた。

やばい⁉　サンドウィッチマン、ここで、おしまいだ‼

と青くなりかけたとき。

神の救いがきた。

「ふ、ふざけてんだろお前！」

と、次のネタをフッと思い出したんだ。

ホッと息をついて、何とかネタを進めることができた。

この間、コンマ1秒ぐらいの出来事だけど、**僕と富澤にしかわからなかった、サンドウィッチマンの史上最大のトラブルだった。**

「ピザのデリバリー」でネタが飛んだことは、過去に一度もない。寝ながらでも暗唱できるようなネタだ。
なのに、あんなピンチに陥るとは。
これこそが、M-1グランプリ決勝の怖さ、なんだろうと思った。
ネタが終わってから、感じたのは安堵感だけだった。
舞台を降りるとき、気づいたら両膝が、ガクガクと震えていた。

富澤たけし

初めて伊達に、コンビを組んでよかっただろ？　と思えた

3組すべてのネタが終了した。

そしてCM明け、いよいよファイナル決勝の審査結果が発表される。

サンドウィッチマンが優勝できるかどうか。このときの、僕の予測は半々だった。

もちろん1位になりたかったけれど、3位と言われても受け入れられただろう。それぐらい、やり尽くした感はあった。後で録画した映像を見ると、トータルテンボスもキングコングも、同じようにさっぱりした顔をしていた。当然だろう。この場で「やり尽くした」というところまで出し切れないコンビが、ファイナル決勝に上がって来られるはずはない。

審査員7名。それぞれがモニターに、優勝と思うコンビを挙げてゆく。

1人目、左端の中田カウスさんは、トータルテンボスだった。大竹まことさんがキングコング、オール巨人さんがサンドウィッチマン、ラサール石井さんがトータルテンボス……その辺りで、僕は一瞬、ホッとした。

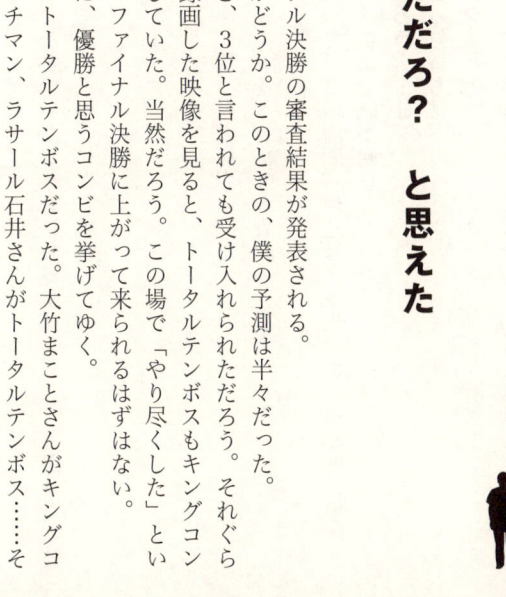

よかった、ゼロ票じゃなくて。

いちおう、この舞台で互角の戦いをしたんだなと。

トータルテンボスに2票入っている。そこで「あ。うちらの優勝はないな」と思った。彼らに優勝を持っていかれるのなら、まあしょうがないかと納得した。

しかし。

上沼恵美子さんがサンドウィッチマン――。

おっ、2票目⁉

僕らの名前が挙がると、お客さんの声が鋭い歓声に変わった。

次の松本人志さんも、サンドウィッチマンを挙げてくれた！

やった、これでもう、大収穫だ‼

あの松本さんに認めてもらえたんだって。この瞬間、伊達は3票入って、自動的に優勝が決まったのを知ったらしいけど、僕はそこまで頭が回らなかった。

（うちらが優勝するのは、おかしいだろう……‼）

その瞬間に頭をよぎった、嘘偽らざる気持ちだ。

「第7代M‐1チャンピオン、サンドウィッチマン！　フラットファイヴ所属！」なんて、ありえない。2004年のアンタッチャブルさんみたいに、その前の年に活躍して次年度に優勝というスタイルは想像できるけど、いきなりここで僕らが、敗者復活から優勝なんて……そんなのマンガの世界じゃないか。できるはずないだろうって。

ところが。

ラストの紳助さんが——数秒、間を置いて。

サンドウィッチマンを挙げた!!

「優勝は、サンドウィッチマン————————!!」

今田さんのコールが会場を貫いた。

その直後、紙吹雪がクラッカーの音とともに舞いあがった。

お客さんの大歓声と拍手。全員の「本当に!?」というびっくりした顔が、はっきり見えた。

僕はそのとき、

(こんなこと、あるんだ!?　マジで!?)

という気持ちだった。

想像が、現実になってしまったという驚き。そして、どこか「まあ、ありえなくはないな」という平然とした感情。ふたつの相反する感情が、ぐるぐる交錯していた。

紙吹雪の中、僕は伊達の肩を引っ張って、グッと抱きついた。**また、腕で伊達のメガネをギュッと押し上げたけど、気にしない。**

感動もあるけど、正直、こう映ったらカッコいいんじゃない？　という計算もあった。全体を通して、僕はM-1グランプリでの戦いを、適度に客観視できていたのかもしれない。

この場合は、優勝するかできないか。その2択しかなくて、どっちかだろうってイメージできたから、そんなあたふたすることはなかった。

いきなり暗闇から何か飛び出て来たらギャーッ!!　ってなるけど。イメージできるものに対しては、割と心の準備はできる方だ。

そういうメンタリティが勝因だったかどうかわからない。けど、いつもと同じペースでできたことが、結果的によかったのは事実だろう。

拍手の鳴りやまない中、伊達が握手を求めてきた。そんなこと、高校時代から付き合ってきて初めてだ。**こいつもテレビ映りを気にしてるな？　と思った。**

でも正直、嬉しかったな。

いろんなものが、報われた瞬間だ。

10年前、あいつに会社を辞めさせてしまった。

実家に対して、肩身の狭い思いをさせた。

賞レースにも無縁の人生だった。

売れない時代を道連れにしたせいで、結婚する予定だった彼女とも、別れさせてしまった。

僕は相方として……伊達にいい思いをさせてやれなかったことを、本当に、申し訳ないと思っていた。

だけど今、こうして日本一の漫才師になれたんだ。

「僕とコンビを組んでよかっただろ？」と胸を張って言える、初めてそう思えた瞬間だった。

伊達みきお「夢見心地です！」

審査結果が発表される。

僕はもう、本当に、優勝はないだろうと思っていた。

さっきネタが飛んだ怖さもまだ身体に残っていたし、すべてをやり尽くした、ここまで来られただけでも十分、来年は営業がいっぱい増えるだろうな、と考えたりして喜んでいた。

そして審査員7名が、中田カウス師匠から順にコンビ名を挙げてゆく。

おっ、いい勝負してる!?　と思った。

そして6人目、松本人志さんが、サンドウィッチマンを挙げてくれた。

実はこのとき、心臓がはねあがった。

最後の紳助さんがトータルテンボスを挙げても、うちらと3対3の票になる。ルール上では、同点の場合、決勝での得点が上のコンビが優勝のはずだから、松本さんがサンドウィッチマンを挙げてくれた瞬間に、

「えっ、優勝した⁉」

と思った。

そして最後の島田紳助さんは――。

サンドウィッチマンを挙げてくれた！

その直後、紙吹雪が舞って、今田さんの「優勝は、サンドウィッチマンーーーー‼」というコールが、はっきり聞こえた。

うわっ……‼　マジかっ⁉

と思った瞬間。

富澤が、グッと抱きついてきた。そしたらまた、メガネがグイッと上がって。「だから痛いっつってんだろ！」というのが、最初の感想だった。**慣れないことを、やろうとするなよ。**

でも――嬉しかったな。あいつがそんなことするなんて。よほど感激したんだろう。

僕は、握手の手を富澤に差し出した。

あいつもグッと握り返してきた。

紙吹雪がまだ舞い落ちてくる中、**握った相方の手は、めちゃくちゃ熱かった。**

番組の終了後、紳助さんと一緒の記者会見に参加した。

そのときはまだ「うわ、隣に島田紳助さんがいるよ！」と思ったくらいで、M－1チャンピオンの実感がなかった。

夜は、番組関係者と出演コンビ総出の軽い打ち上げに出席。偉い人にいっぱい挨拶されて、壇上でひと言コメントを求められたりしたけど、何を言ったか、まったく覚えてない。

優勝直後に言った、**「夢見心地です！」**という言葉がそのまま続いている、フワフワした時間が続いた。

写真を撮って、大勢に囲まれて、あちこちコメントを取られて……その間ずっとマネージャーも一緒にいて、富澤とふたりきりになれたのは、朝方アパートに帰ってからだった。翌朝の生放送に出演が決まってて、1時間でもいいから家で寝たいと思ってた。

でも、寝られるわけがない。とりあえず風呂を沸かして、湯に浸かって、軽く食べ物をつまんで……富澤と、ぽつぽつと話し合った。

「優勝しちゃったなぁ」

「そうだな」

「すごいよなぁ、俺ら」

「うん。信じられないな」

何だか、仙台の高校時代の空気に戻ったみたい。

特に話すことはない。ただポーッと、昂揚した気分を、友だち同士でかみしめあっている感じだった。

くつろいでる間、僕は携帯電話の充電をしていた。そうしたらメールをがんがん受信している。受けても受けても止まらない。わーすげー！　って、驚いて見てた。

結局、その夜だけで４００件以上のメールが届いた。中には、全然知らない人からも「おめでとう！」って。誰だよ、お前はって。

二郎さんからもメールがあった。

［伊達ちゃん抜きで祝勝会やってるから、もし来られたらおいで！］

って。いやぁ、涙出そうだったな。行きたかったけど、仕事があったから残念。その祝勝会では、二郎さんが自腹でドンペリをふるまって、タイムマシーン3号の関や超新塾のドラゴンなどの後輩芸人たちが、我が事のように「サンドさん、おめでとう！」と号泣していたって。

嬉しいね。

最高の夜だった。

そこからはもう、何もかもが変わった。息つく暇がまったくない、膨大な量の仕事が舞いこんできた。

M-1直後の嵐。

富澤たけし

選択肢に「死」があった時代

Ｍ－１チャンピオンになった直後は、伊達の言ったとおり、夢見心地だった。紳助さんと並んで、記者会見。初めての記者の前での質疑応答。番組の打ち上げ。たくさんのスタッフ、関係者からのお祝いと握手攻め。「おめでとう！」「よくやった、感動した！」って、あんなに連呼された夜は、人生で初めてだ。

充実感で、いっぱいだった。あきらめないでお笑いをやってきて、本当によかった。歓びに浸りながら、どん底だった時代を思い出していた。

２００３年の前後。お笑いの引退を決心しかけた、最悪の時代。

髪の毛をいきなり白く染めるとか、自分でも自分の行動がよくわからない。相当、情緒が不安定だったんだろう。笑いでちっとも結果を出せず、人間関係も嫌になり、自分自身も嫌になった。ネタはつくれなくて、誰とも会いたくなくて、あのままどこかに消えてしまいたいと思った。心の中は、負のスパイラル状態だった。

選択肢に、「死」が浮かんだこともあった。もともと破滅志向があるから、そっちに引っ張られないよう、頑張ってたんだけど……あの頃は、死んじゃった方がいいかなとさえ思っていた。

そこまで僕は、思いつめていた。

破滅に向かいそうなシグナルを察知してくれたのは、伊達だった。伊達がいなかったら、一度は自殺を試みたかもしれない……。

あいつには本当に迷惑をかけた。特に「元気だせよ！」と励ましてくれたわけでもないけど、ただ側にいてくれて、本当に感謝している。

伊達は伊達で、深く悩んでいただろう。社会人としても、芸人としても真面目な男だから、仕事のない数年間は心身ともに参っていたはずだ。

コンビふたりとも、芸人の重い「病」にかかってしまっていた。

でもお互いに、病気の種類が違うから、何とかうまくやっていけたんだと思う。「そっちの痛いところなんか知るか！　こっちは別のところが痛いんだよ！」って。いい意味で、お互いを慮《おもんぱか》れない期間があったのは幸いだった。

もし、どっちも同じ種類の負のスパイラルにハマってたら、ドツボだった。とっくに解散して、別々の人生を歩いていたに違いない。

どん底だった、数年間。

思い出したくない、というか嫌な事がありすぎて、記憶が無意識に薄くなっているけど……**あの、光の見えない底辺の泥沼の後を生き抜いたんだ。**あとは上へ上がるだけだと、開き直っていた。

それがまさか、こんなにも、高い場所まで来られるなんて——。

M-1チャンピオンの立つ場所は、まるで光が降り注いでいるようだった。まぶしすぎて、ちゃんと目が開けられなかった。

光をちょっとよけて、隣を見た。

そこには伊達がいた。

あいつも、笑っていた。

高い場所に連れて来られて、戸惑いながらも、僕と同じように「やめないで続けてきて、よかった」と思ってたに違いない。

うまく表現できないけれど。**相方を、伊達にしてよかったと。この日ほど、本気で思ったことはなかった。**

富澤たけし

僕らが「無名」だったから

M-1グランプリの打ち上げが終わった後、何やかんやと連れまわされて、アパートに帰れたのは朝方だった。

すぐ早朝の生放送に出演しなくちゃいけなかったから、1時間ぐらいしか寝られない。でもアパートに戻って、初めて伊達とふたりきりになって、やっと本当にひと息つけた気分だった。

伊達が携帯電話を充電している。その間、ずーっとお祝いメールを受信しっぱなしだった。「わーすげー!」って、驚いていた。

そのメールをはじめ、周りの感想はほぼ「感動した!」「泣いた!」とか、熱狂的なものだった。僕ら自身よりも、周囲の盛り上がりに目を丸くした。仕事の依頼は殺到するし、どこに行っても「奇跡をありがとう!」みたいな感じでお祝いされて。まるっきりヒーロー扱いだ。

僕の目標は、決勝戦に立つことだけだった。

そしてスベらないこと。

そのふたつを淡々とやり遂げただけだ。後でこんな騒ぎになるなんて、思いもしなかった。

それにM‐1の本番は慌ただしすぎて、自分たちの活躍がどんな風に見られているか、考える余裕もなかった。でも後で録画したM‐1の放送を見たら、「こりゃ感動しちゃうなぁ」と、他人事のように苦笑いした。

しかし、あんなに「無名」をクローズアップしなくても……『エンタの神様』に15回も出演してたのに。ポッと出の若手と同じように言われるのは、ちょっと腑《ふ》に落ちなかった。

でも、世間では、ネタ番組を普段からチェックしているような人はそんなに多くはないんだということがわかった。M‐1で初めてサンドウィッチマンを見た人が、大多数だった。

逆に、無名と思われたのが、追い風になった。もし知名度がもう少しあったら、他のコンビに研究されていただろうし、審査員の目にも新鮮には映らなかったはずだ。

僕らが「無名」だったから、決勝戦では向かい風ではなく、高みに飛びあがれる追い風が吹いてきたんだと思う。

伊達みきお

M-1は、正真正銘のガチンコ漫才勝負だった

行く先々で言われたのが。

「無名からの勝ちあがり！」「無名芸人のアメリカン・ドリーム！」「無名の星！」

などなど。無名、無名っていうのもなぁ……。僕らがそれだけ無名だったら、準決勝にいた57組のほとんどは、無名タレントになっちゃうよ。

でも、そういうことなんだなと、今になってわかる。一般の人にとっては、テレビをつければ出ているタレントが有名タレント。無名というのは、別に悪口じゃない。僕らが、それまでいわゆるテレビタレントじゃなかったという、事実があるだけだ。

また、M-1グランプリという番組の影響力のすごさを、あらためて思い知った。たった2本、漫才を披露しただけで、このスーパーヒーロー扱い。視聴率も、周りの評価もケタ違いの、とんでもない番組だ。

サンドウィッチマンは**初づくしのチャンピオン**だという。

敗者復活からの初の優勝。NHKの『爆笑オンエアバトル』に一度も出ていないコンビで初の勝利。そして弱小事務所所属のタレント。

吉本に勝った！　というのは、特に吉本以外の芸人たちにとって勇気づけられる結果だったようだ。ある先輩の中堅芸人さんが、この前、番組の収録後に僕らの楽屋に来てくれて、サンドウィッチマンの優勝を祝ってくれた。「お前ら最高だよ！　胸がスーッとした!!」って。お祝いは嬉しいけど、ちょっぴり苦笑いする。事務所VS事務所の大会じゃないからね。

……なんて言ってるが、僕自身も、優勝するまでは出来レースだと思ってたわけだけど。僕らが優勝したことで、この大会が、本気の、正真正銘のガチンコ漫才勝負だって、誰もがわかったはず。

売れるまで苦労されたでしょう？　というのも、よく聞かれた。そりゃあ、ほんの少し前まで貧しかったし、将来の見えない暗い時期はあった。でも、僕らは「好きな笑いをやってるんだ！」という、それだけで満足できる気持ちがあったから、苦労を苦労とは、思ってなかった。

肉体労働のバイトも、地方での寂しい営業も、M‐1へのチャレンジも。

全部やっててよかったな、と思うことばかりだ。

M-1チャンピオンになって得たもの、失ったもの

富澤たけし

Ｍ-１グランプリの後は、いろんなことが変わった。
まず仕事。昨年に比べてオファーが10倍ぐらい。優勝後の１カ月ほどは、ほとんど毎日、どこかのテレビ番組に出演していた。ＣＭにラジオに、イベントに営業。取材も激増した。出会う人もドッと増えて、１カ月でもらった名刺は、１０００枚を超えてたんじゃないか。時間に追われる毎日。最初は仕事をこなすだけで大変だった。さすがに、数カ月経った２００８年の春先にもなると、慣れてはきたけど。慢性的に身体の疲労は溜まっている。でも本当にありがたいこと。目が回るほどお笑いの仕事で忙しくなりたい！　と、売れなかった頃に思ってたから。

大阪の漫才の聖地・なんばグランド花月で漫才をやらせてもらって、ゴールデンウイークの吉本の大イベント『ＬＩＶＥ　ＳＴＡＮＤ08』にも出演した。『笑っていいとも！』の特番に出させてもらって、人気絶頂の速水もこみちくんとからんだ。あんな華やかなところに

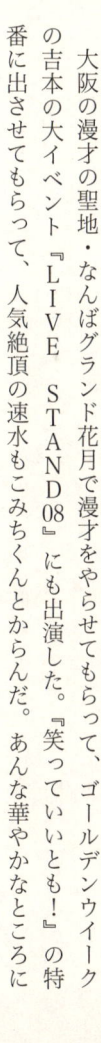

呼んでもらえるなんて、少し前までは、夢のまた夢の話だったのに。

そして。フジテレビ『ハチワンダイバー』では、レギュラーでドラマ出演。僕らなんかでいいの⁉ と思った。M-1の影響力って、本当にすごい。

『ハチワンダイバー』での役は、賭け将棋で食ってる、ヤクザ風の真剣師・飛鷹安雄で、伊達がその舎弟。セリフも多くて、全話に出演したため、大変だった。ドラマの現場は朝も早いし、拘束時間も長い。また『ハチワンダイバー』は、けっこう特殊なカット割りが話題だった。1シーンで80カット以上撮るなんてのも当たり前。顔をつくり続けるのにひと苦労した。ふと気を抜いた瞬間の顔を本編で使われていたりして、「あれがOKなんだ⁉」と驚くことは何回もあった。

ドラマの物語の進行と、撮影の順番は、必ずしも一緒じゃない。キャラクターのテンションをつなげるのはかなり難しい。でも溝端淳平くんや仲里依紗ちゃんは、若いのによく対応していた。安田美沙子ちゃんや木下優樹菜ちゃんとも仲良くなれた。小日向文世さん、大杉漣さん、渡辺哲さん、京本政樹さんたちベテラン俳優の存在感も、抜群だった。役者の底力に、圧倒される仕事だった。

出番最後の日。僕は、もう少し飛鷹安雄でいたくて、なかなか衣装を脱げなかった。演技の仕事は楽しかったな。また、どこかでお声がかかると嬉しい。

新しい仕事と環境を得られた反面。

失ったものもある。

まず体力。すぐケガをするようになってしまった。

『ハチワンダイバー』の撮影中、たった5メートルダッシュしただけで、足に肉離れを起こしてしまった。単に年齢からくる衰えかもしれないけど、元ラガーマンが情けない……。

そして、ヒマがなくなって、前よりも一層、テレビを見られなくなってしまった。世の中の流れがわからない。これはネタづくりに、大いに影響する。ニュースぐらいは、こまめに見ておかないと。

あと、プライベートでのフラストレーションが増えた。街中で「握手してください！」とか、携帯電話のカメラをいきなり向けられることとか、食事してると後ろで「サンドウィッチマンじゃない!?」とヒソヒソ言われたりとか。慣れるしかないんだろうけど……もともとキャーキャー言われたい方じゃないから、顔を指されるのはけっこうつらい。芸能人になるってのは、こういうことなんだと、あらためてわかった。

いい事も悪い事も、M-1後は、本当に変化だらけだ。

伊達みきお

M-1後、目標を見失った

M-1グランプリの後は、本当にたくさん仕事のオファーをいただいた。

地元仙台の夢大使の就任、人気バラエティ番組に旅番組、ラジオに営業にCM、初のレギュラー冠番組までも決まった。憧れの芸能人がいっぱいいる場所に、何度もお呼びがかかった。こっちからしたら恐縮しちゃうような大物の方々から「M-1見てましたよ!」とか「おめでとう、伊達さん!」とかって言われるのが、すごく不思議な感覚だった。『笑っていいとも!』の特番で、まさかあの木村拓哉さんと同じ舞台に立てるなんて、1年前は想像もしなかった。

しかもドラマ(フジテレビ『ハチワンダイバー』)で役者にも挑戦。自分らに、今何ができるのか探っている状態だから、まずは挑んでみた演技の世界だけど。回を追うごとに、順調に僕のセリフが少なくなっていった……。監督さんの素晴らしい判断だ。僕は役者に向いてない。一方、富澤の「飛鷹安雄」の芝居は、かなりいい。声も渋くて、表情もつくりこん

でいる。富澤は今後、役者のオファーが続くんじゃないか。

吉本のお笑いイベント『LIVE STAND08』にも呼んでもらった。幕張メッセのメインステージは、すごかった。上手《かみて》から、マイクまでの距離の長いこと！ ネタに入る前に、小走りしたのは初めてだ。メインステージ前のお客さんは2万人！ 笑い声が大波みたいで、最高に気持ち良かった。気分はサザンオールスターズだった。


正直、M-1の直後は、目標を見失っていた時期があった。

若手漫才師の日本一になって、山ほど仕事がもらえて。目標が次々にクリアになってしまう。不安だから『はなまるマーケット』『徹子の部屋』に出よう！ って新しく目標を立てたんだけど、それもすぐ叶った。これはある意味、つらかった。

10年間、やりたくてしょうがなかったことが、数カ月でドミノ倒しのように一気にすべてできてしまったのだ。この状況に、僕も富澤も戸惑った。何をやったらいいのか、途方に暮れてしまった……。贅沢すぎる悩みなのはわかってる。だけど、ひとつぐらい、叶いそうもない夢を追いかけるのが男であり、芸人のカッコ良さでもあると思うんだ。

今は戸惑いもふっ切れて、どんな仕事でもありがたく、大事にやらせていただいている。だいぶ落ち着いて、周りも見られるようになってきた。たまに、すげえ力んでる奴がいるなと思ったら、横にいる富澤だったりして。

今、**夢は何ですか？** と聞かれたら、富澤は「パイロット」と答えて、僕は「プロ野球選手」と答えるようにしている。もしこれが叶っちゃったら笑えるだろう。

富澤たけし

どん底時代とは違う、新たな模索の時代に入った

これだけ環境が変わっても。

意外なほど、僕自身は変わらなかった。

誰と会っても「全然変わらないね」と言われる。そりゃそうだろう。M-1のチャンピオンはひとつの大きなコンテストの結果であって、僕自身の人格までも変えてしまうものではない。以前より性格がちょっと社交的になってきたとは言われるけど。そうなのかな。

一方で、今までになかった不安がのしかかってきた。

僕は何事においても、「準備」をして臨むタイプだ。準備さえ自分の中で十分にできていたら、どんな現場も怖くない。事実、M-1の決勝がそうだった。

でも今は、あらゆる仕事において、準備を整える時間がまったくない。もともとノロい方だから、準備には時間をとる。なのに「ちょっと待ってくれ！」と言うヒマもなく、現場から現場へ飛んで行かなくちゃダメで……これは、大きなストレスだ。

ある意味、**これまでに感じたことのない恐怖の中にいる。**

準備ができないまま、ただやみくもに前へ走っている感じ。行く先の障害物に対して、対処する方法が何もないのは、怖いんだ。アドリブトークや身体を張るバラエティなど、初めての仕事も多いし、ちゃんと勉強しておきたいことは山ほどある。

何より、新ネタをつくる余裕がないのが……最大の悩みだ。

サンドウィッチマンはネタで評価されたのに、ネタを研ぎ澄ます時間がないのは、本末転倒だ。だけど、テレビの仕事をシャットアウトして、ネタづくりだけに集中することも、今はできない。

うーん……どうしたらいいんだろう。

たくさん仕事の選択肢をいただいているのは、とてもありがたい。

だけど本来、器用な方じゃないので、あれもこれもこなせるわけじゃない。それに伊達と反対で、僕は人見知りだから、知らない人と会うと決まった朝は、かなり気合を入れていかないといけなくて。今後、ピンで仕事が入ることもあるだろうし。人見知りの克服は課題のひとつだ。

お笑い芸人として、どこに向かって行ったらいいのか。今の僕は、精神的には、どこにでもいる、将来の見えない若者と同じだ。

どん底時代とはまた次元の違う、新たな模索の時代に入ったのかもしれない。

でも、キャリアのある芸人はみんな通ってきた道だろう。乗り越えなきゃと思う。

精神的にはまだまだ落ち着かない毎日だけど、このブレてる心に、「笑い」が安定剤になればいいなと思う。

伊達みきお

M-1チャンピオンになった後も、自分自身は変わらない

M-1のチャンピオンになってから、本当に何もかもが変わった。仕事も、出会う人も、飛躍的に増えた。最初は目が回ったけど、ようやく少し落ち着いてきたかなと思う。

いろんなことが変わったけど、**意外と、僕自身の心境は、変わらなかった。**

昔からの友だちにたまに連絡すると、「もう僕のことなんて忘れたと思ってたよ」なんて言われる。いやいや、そんなことないよ。むしろ、いつも気にしているぐらい。急に売れちゃったからって、いきなり偉そうになるほど、バカじゃないよ。

売れて、突然変わった人の話はよく聞くけど、僕は全然そういう感じにならなかった。そもそも偉くなったなんて思ってない。M-1チャンピオンは、途方もなくすごい称号だと思うけど、それだけで自分の芸がグーンと底上げされたわけじゃない。

もしも20歳そこそこでチャンピオンになってたら、僕自身も激変していたかもしれない。

こんなに周囲の環境が変わったら、若い奴が平気でいられるわけがない。まあ、僕も初めは平気ではいられなかったけど。

紳助さんは「ほんまは30歳を過ぎてテレビに出るのが一番いいんや」とおっしゃっている。その通りだなと思う。

僕らは33歳を過ぎて、テレビの仕事で引っ張りだこになった。自分がどこまでできるのか、何と何ができるのか、年齢的にもある程度わかっているから、いろんな場面でそれなりに順応できるんじゃないかと思っている。

M-1以前と今では、何が大きく変わったのか？　と訊《たず》ねられたら、簡単に答えられる。変わったのは周りの環境。**伊達みきお自身は、何も変わってない。富澤も同じように答えるんじゃないか。**

だけど、殺到する仕事のオファーをさばくのは、体力的に大変だ。中には、「それは僕らでいいの？」「何をしたらいいの？」「僕らで何がやりたいわけ？」っていうオファーもある。基本的には何でも引き受けたいけど……悩むこともあった。所属事務所にサンドウィッチマンより先輩がいないから、こういうときすぐ相談にのってくれる人がいなくて残念だ。

頼れるのは、僕らと同じように、大手事務所所属じゃなくて一線で頑張っている先輩芸人さんだ。以前、爆笑問題の太田さんに言われた言葉が、印象に残ってる。

「今、お前らは踊らされてるだけかもしれない。でも、それでいいんだ。踊れるだけ、踊っておけ。そのうち仕事をくれる側が、サンドウィッチマンの一番いい踊らせ方＝使い方を、ちゃんと考えてくれるんだから」

なるほどな、と思った。

今は必死に、ダンサーとして汗を流してればいいんだと。そう聞いてから、だいぶ気持ちは楽になって、どの現場もリラックスして行けるようになった。

富澤たけし

踊り手に徹することも、今は必要かもしれない

爆笑問題さん、くりぃむしちゅーさんなど、大企業じゃない事務所で第一線で頑張って、結果を出している人の言葉には、重みがある。

くりぃむしちゅーの上田さんのアドバイスは、僕らにとって印象的だった。

「お前らは今、番組に出たら、どこかでボケなきゃ！　と思ってるんじゃないか。そんなことはないんだよ。俺も有田も、そういう時代があったからわかるけど。無理しないで、いつも通りのサンドウィッチマンでいたらいい。司会の方だって、芸人に常にボケを要求しているわけじゃないから。自然にしていたら、おのずと自分たちの役目がわかってくるよ」

さすがだなと思った。僕が現在抱えているのと同じような悩みを克服して、今のポジションを築いた先輩の頼れる言葉だった。

やっぱりＭ-１の直後は、「踊らされてたまるか！」と少し尖っていた。今は、〝踊り〟を求められて、ひたすら手足を動かす、勤勉な踊り手であればいいのかもしれない。そう思う

と、少し気が楽になった。

また、紳助さんがおっしゃった、

「芸人のブレイクの1周目は、何とかなる。大事なのは2周目や。2周目に入ったら、見る方も目が厳しくなる。そこで何を見せていくかが、ほんまの芸人の勝負や」

という言葉に、襟《えり》を正している。その通りだろう。

今僕らがこれだけ忙しいのは、M-1のオマケみたいなもの。1年経ったら、次のチャンピオンが生まれる。そうしたら、僕らは「無名のヒーロー」以外の呼ばれ方で、世間に挑んでかなくちゃいけない。

紳助さんの言う**「2周目」で、僕は何をしていけばいいか。**真剣に考えるときが、そろそろくるだろう。

そもそも、僕は、性格がお笑い芸人向きじゃない。テレビ芸人として器用に立ちまわれないし、ドカンとウケるキャラクターや、ギャグを生み出すタイプでもない。しかも芸人のくせに、前に出るのが苦手だ。いつもそこは伊達に、「もっとやる気で来いよ!」と怒られる。

こんな僕でも生きてゆけるポジションが、テレビの世界にあればいいなと思う。いっそ、僕が開拓してやろうか。引っ込み思案で無口な芸人が輝ける場所があったら、斬新で面白いだろう。

まあ、それはテレビでの仕事に限った話で。
ネタをやる舞台からは、決して離れない。それだけは、揺るぎない確信だ。

伊達みきお

人は何にだってなれる

18歳から23歳までの、サラリーマンだった時代の僕に、もし会えたら、何が言えるだろう？

あの頃は、大人の人生ってこんなもんかと、達観していた気がする。会社に行って、毎月給料もらって。少し昇進して、結婚して子どもができて、小さな家で歳をとってゆく……そんな、どこにでもある人生を、僕も送るんだろうなと思っていた。今みたいなドラマも刺激もない。それはそれでよかったかもしれないけど。

でも、**やっぱり今の人生の方が面白いぜ！** って言うだろうな。

サラリーマン人生を否定はしないけど、達観してちゃいけない。叶えられるかどうかわからない、だけど抱いてるだけでワクワクする——という夢を、ひとつ見つけるだけでも、人生は大きく変わる。

僕の場合は、富澤が誘ってくれて、お笑いという夢と出会った。M-1チャンピオンになって、今ここで自分の話を本にしている人生は、富澤と一緒じゃなかったらたどりつけなかった。

仙台発の深夜バスに乗って、東京駅に着いたあの日。

やっていけるのかわからない不安と、お笑い芸人で一番をとるんだ！　という興奮と期待。

金目の物は何にもなかったけど、夢だけは、胸にぎっしり詰まってた。

誰にだって、そういう瞬間はあるはずだ。

それから10年。僕らはM-1チャンピオンとして、日本中からお祝いを受けた。

信じていいよ。夢って、叶うんだぜ。

昔の僕のように、23歳ぐらいで、将来の進路に悩んでいる若い子はいっぱいいるだろう。

悩むだけ悩めばいい。そして、夢を持って、前に飛び出せ。間違っても自殺なんかするなと言いたい。人は、何にだってなれるんだから。

仙台のどこにでもいるラグビー部出身の田舎小僧が、若手漫才師日本一の称号をもらえたんだから、本当だよ。

今、僕は、猛烈に学校で講演会をやりたい。僕の言うことだったら、悩める若者も耳を傾けてくれるんじゃないかな。

今のところ、オファーはゼロだけどね。

これから。

富澤たけし

10年間続いた伊達とのアパート暮らしにピリオド

伊達と一緒に10年、都内のアパートで暮らしてたが、ついこの前、ようやく別々の住まいに引っ越した。

寂しさはない。今年34歳の男同士なんだから、名残り惜しがってたら気持ち悪いだろう。なんだかわからないゴミの山をすっきり捨てて、気分的にはせいせいした。

でも、今までひとつの部屋に住んでたから、なるべくケンカしないようお互いに気を遣っていたのが……別々の場所に家があると、現場でケンカしやすくなるだろうな。

コンビの間でギクシャクすることが、今後はあるかもしれない。何しろ10年は、ひと昔だから。住むところが変わったら、精神面も微妙に変わるだろう。

でも、そんなに心配はしていない。

僕らは、解散に至るようなケンカはしないだろう。相手にムカつくこともあるけど、それはお互い様だ。伊達はいい意味で距離をとってくれるし、僕のネタを全面的に信用してくれている。16歳のときから一緒にいるから、どこか兄弟みたいな感覚だ。たとえケンカしても、兄弟だったら関係が壊れることはない。

だったらまた一緒に住めば？　と人に言われたけど、もう嫌だって。

新しい住まいに移っても、僕は何も変わらない。

M-1チャンピオンになったからって、偉くなったわけじゃないんだ。みんなに評価されるネタを、これからもコツコツつくり続けたい。

でも伊達は、ちょっと変わるかも。ハチミツ二郎さんに人生ごと憧れてるから、そのうち赤い毛皮とか着はじめるんじゃないか。

そうしたら、格好のネタにできるけどね。

富澤たけし

本物の勝者でいることとは

敗者復活を果たしてから、半年以上が経った。

気持ちの部分では、だいぶ余裕ができてきた。

そこで、あらためて2007年を振り返ってみる。

サンドウィッチマンはあの頃、他人の目には敗者だったかもしれない。だけど自分たちは少しも、敗者だと思っていなかった。3年前からお笑いで飯が食える状態にあったし、仕事がゼロということもなかった。後輩もいたし、無名の若手というつもりもなかった。

敗者と認めていなかった、というのが正しいのかもしれない。もし、負けを認めていたら……僕は芸人をやめていた。

M-1グランプリというランキング勝負では、たしかに勝者だった。でも、あそこで初めて勝者になれた、とも思っていない。「ついに勝ち組ですね!」「勝者の気分はどうですか?」と言われても、うーんと考えこんでしまう。

そもそも、みんなの言う「勝者」って何なんだ？

売れてテレビに出て有名になって、たくさん稼いでモテまくっている人というのが、勝者の定義か？　それは違うだろう。少なくとも、僕が「勝者だなぁ」と思う芸人は、テレビに出て画面を賑《にぎ》わせている、という理由で〝勝ってる〟とは思わない。

昔からテレビで見ていたような先輩方の笑いに対するストイックさといったら、半端じゃない。Ｍ-１で優勝することより、あんなすごい人たちにまじって、居場所をキープすることの方がよっぽど大変だ。

あらためて、こう思う。

敗者復活を果たして、失ったものは、ラクして笑いをやっていこうという怠けた気分。

得たものは、強者ぞろいの芸能界で、サンドウィッチマンの笑いを守り続けるための覚悟だ。

伊達みきお

勝者を名乗れるのは、今ではない

今後のサンドウィッチマンについて。ふと考えるときがある。

誰か他の芸人が憧れてくれるような存在になれたら嬉しいな、と。以前から、業界内とかプロの人に認められたいという欲が強いんだ。ドカンと売れなくても、見巧者な人が、長く応援してくれるような芸人がいいなと思っていた。ライブを見てもらえたらわかるけど、サンドウィッチマンのネタは、相当、男くさい。女性や子どもたちがキャーキャー言うネタは一切やってないし、やるつもりもない。だいいち、富澤にはつくれないだろう。舞台袖の笑いというか、芸人仲間の笑いをとれる芸人であり続けたいと思う。

テレビの仕事も、いただけるものはすべてやっていきたい。自分たちで遮断したり、選択することはない。僕らに向いているものがあれば、意欲的に挑戦したい。役者業であれ司会であれ、テレビタレントとしてチャンスをもらえたら、全力でやるつもりでいる。

だけど、不変のベースは舞台だ。

新作ネタをやらなくなったら、サンドウィッチマンはおしまいだ。

トーク技術もルックスも、敵わない芸人はいっぱいいる。というか、敵わない芸人さんだらけだ、この世界は。だけど、ネタだけは、誰にも怖じけないで出せるから。

ネタで世間に認められた僕らが、ネタづくりから離れることはない。歴代のM‐1チャンピオンはみんな、紳助さんから「M‐1の名前を堕《おと》すな！」と、命じられている。僕も富澤も、その言葉は肝に銘じて、より完成度の高いネタづくりに精進したい。

富澤は、いつも僕よりだいぶ先のことを考えている。

あらためて聞いたことはないけど、ちょっと知りたい。

あいつは、サンドウィッチマンが現在のようなポジションに上ることを、見通せていたんだろうか？　2度、引退しようとは言ったけれど。本当のところは、どこまで予測していたんだ？

もし、こうして本を書くところまで計算ずくだったとしたら——やっぱりあいつは、とんでもない天才だ。

でも、気難しい男だよ。大人のくせに魚介類はまったく食べられないし、友だちは極端に少ない。M‐1優勝のとき、僕には山ほどお祝いメールが届いたのに、あいつには数件しか来なかったんじゃないか。

まったく厄介な奴なんだ。あいつは。

——やる気のない仕事のときは如実に顔に出る。声がボソボソしていて、声の大きい芸人に囲まれたら、いいボケをかましても伝わらないときがある。ネタづくりのとき、僕や事務所の作家にボケ案を出させるくせに、1個も採用した試しがない。だったら募集するなよって。

一番よくわかんないのが、妙に潔癖なところ。昔、鬼怒川温泉に営業に行ったんだけど、普通なら温泉で疲れを癒して帰るだろう。だけどあいつ、他人と一緒の湯船に入れないから、宿泊部屋のユニットバスに入ってんだ。日本有数の温泉地で、何やってんだって。

変わり者なところを挙げだすとキリがない。**僕じゃなかったら、富澤の相方は勤まらないだろう。**

だけど、ネタづくりは間違いなく天才だ。

サンドウィッチマンの笑いの中心は富澤であり、あいつがいたから、M‐1のチャンピオンになれた。

今の僕自身は、勝者だとは思っていない。

M‐1グランプリというひとつの大会では、勝った人間だけど。でもそれは、ただの結果論だ。笑いの世界に、勝者はいないと思う。いるとすれば「成功者」だろう。

笑いの仕事だけで、飯を食べられるようになったら、成功。僕らは3年前から、何とかそれができていたので、すでにまあまあ上々の芸人人生だと思っていた。決して、M‐1の優勝で一発逆転ホームランを打てたと思ってない。大ブレイクするぞ！　という奇跡を求めてもいなかった。

大事なのは、小さな積み重ね。

富澤の自殺しそうな空気を察知したのも、ハチミツ二郎さんからのM‐1決勝進出の電話で、情けなくて涙を流したのも、全部、必要な積み重ねだった。

これからも、富澤とぶつかることがあっても、ネタをつくって、舞台でかけて、笑いをこつこつと積み重ねてゆくだろう。

当面の大きな夢は、50歳で単独ライブをやることだ。

サンドウィッチマンには吉本芸人のように専用の劇場がないから、実現したらすごいことだ。

その夢が叶ったとき。

初めて僕は堂々と、勝者を名乗っていいと思う。

富澤たけし

〝気持ち〟で引き寄せた、運命と縁

僕はいつも、先を見ていた。

サンドウィッチマンの理想の形。

サンドウィッチマンの行くべき道。

サンドウィッチマンの成功像。

自分なりにシミュレーションしてきて、初めて今日がある。

２００５年に本気のスイッチが入ってから、何をやるにしても準備と分析を整え、目標を設定して、着実に前に進んできた。それは、ひと通りうまくいったと思う。

だけど、Ｍ‐１チャンピオン後の現在の状況までは……イメージしていなかった。こういう事態になるのかなという、僕の予想をすべて上回ってしまった。ブレイクする、とはこんな感じなのかと。ひとつ勉強させてもらった。

若手にしばしば聞かれる。「どうしたらサンドウィッチマンさんみたいにブレイクできますか？」と。

まあ、うちらがブレイクしているかどうかはさておいて。売れるためには、ネタを研究しろとかひたすら稽古だとか、具体的なことは言えなくもない。

でも最も必要なのは、〝気持ち〟だ。

笑いに対して、どこまで本気になれているか。笑いに対して、極限までモチベーションを上げられているか。笑いに対して、24時間没頭しているか。

気持ちがあれば、ウケなかったときにちゃんと悔しがれる。

営業に行って、人気がないからとお客さんが帰ってしまうとき。オーディションで、落とされたとき。誰かに「まだお笑いやってんの？　あきらめたら？」とバカにされたとき。必死でネタをやってるのに誰も笑わせられなかったとき。夕陽が沈んだとき……（笑）。

徹底的にヘコまされるシーンはいくらだってある。でも、本気だったら、「くそっ!!　いまに見てろよ!!」という原動力が湧き上がる。

M-1だって、ただ参加してますというコンビと、全身全霊で優勝を獲りに行きます！という気持ちのあるコンビだったら、絶対に気持ちのある方に、いい結果がついてくる。

今のサンドウィッチマンがあるのは、「運命を動かす縁があったから」とか「いい出会いをしたから」と言われることもある。

確かにそうだろう。でも、運命も縁も、気持ちが強くなきゃ、引き寄せられない。自然の流れとか、偶然の積み重ねで成功した、という考え方に、僕は抵抗したい。

気持ちのない奴に、人生は変えられないんだ。

サンドウィッチマンがM‐1で優勝できたのは、4239組の中で、〝気持ち〟が最も強かったからじゃないか。

この気持ちを高校時代に持っていたら、ラグビーでも、もうちょっといい成績を残せたんだろうな。そうしたら伊達と、別のトロフィーを手にしてたかもしれない。

最近は忙しいから、伊達とふたりで話し合う時間が、なかなかない。

この先どうする？　という話をしなくちゃいけない時期も、きっとくる。まだ具体的なビジョンはできていないけど――ぼんやり、ふたりで共通して思い描いているのは。50歳、60歳で単独ライブをできるところまで、行きたいなって。

吉本や松竹など大手事務所じゃない芸人で、50歳オーバーで単独公演をやれているコンビは、ほとんどいないだろう。

いつもフラットライヴ（事務所のライブ）をやっている新宿Ｆｕ‐で、50歳のサンドウィッチマンが、単独公演を開催。

これ、カッコよくないか!?

あと16年ぐらい先の話だ。長いようで、きっと、あっという間だろう。

50歳になって、足腰弱くなって、頭に白髪も出てきたサンドウィッチマンで、「ピザのデリバリー」をやりたい。

「ピザ持って来ましたー!」って、白髪の僕（配達人）が玄関を開ける。客（伊達）は、金髪じゃなく白髪になってて、「お前の歳でバイトかよ!」「あんたの歳でピザを食うのか!」ってつかみがあって——すごいウケるだろうな。

50歳で「ピザのデリバリー」をやる。

これがサンドウィッチマンの、未来の理想形だ。

いろんなことがクリアになったら、そこに向かう道を見つけていこう。きっと伊達も、ワクワクしてついてきてくれるはず。

50歳になった伊達の「もういいぜ!」のツッコミを聞けた瞬間。

そのときが、僕らの本当の勝利宣言だ。

あとがきにかえて――みー君への約束!!

①野球をやらせる
②ボルボワゴンに乗せる
③ナレーターをさせる
④歌を出させる
⑤極道映画に出演させる
⑥オールナイトニッポンをやらせる（もしくはＪＵＮＫ）
⑦食べ物のＣＭに出させる

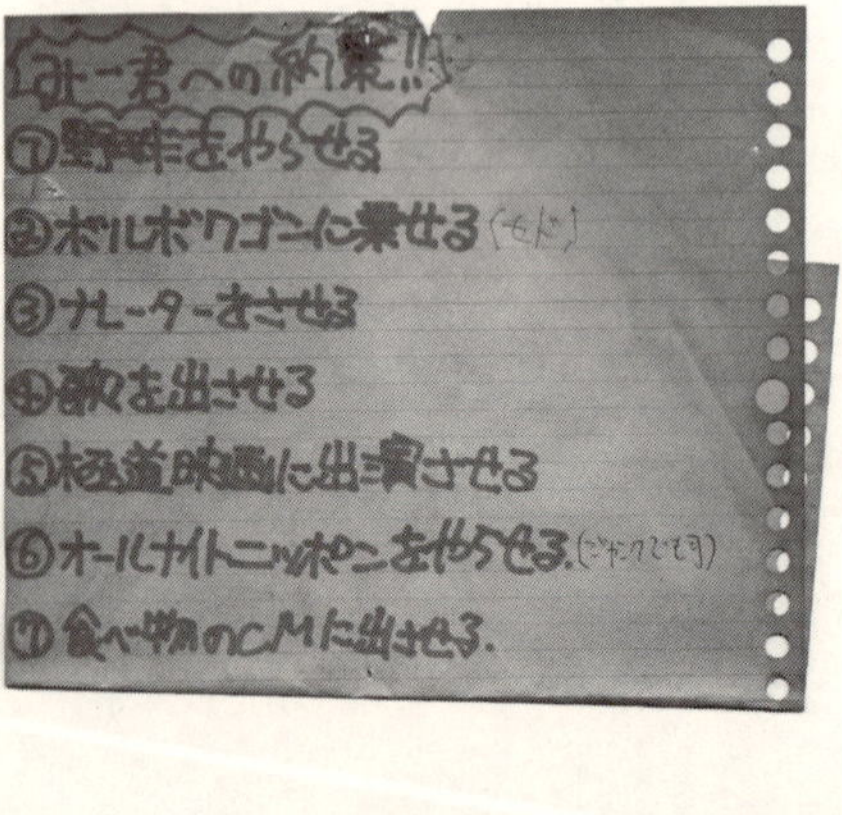

ふたりで10年暮らしたアパートのトイレの壁には、もう風化して茶色くなった、手書きのノートの切れ端が貼ってあった。ノートの切れ端以外にも、思い出のあるライブのチラシや

ら何やら、いろいろ貼ってあったけれど。

「みー君」てのは、伊達みきお、僕のことだ。

富澤が、東京に来てすぐの頃、これを書いて、トイレに貼った。

僕は、それをずっと剝《は》がさないままでいた。10年間貼りっぱなしだ。一度、トイレのドアが開かなくなって真夏のトイレに何時間も自主軟禁されたときも、目の前にこれがあった。

こんなものを書くやさしさがあるなら、早く目覚めてドアを開けてくれ、と思っていたんだけどね。

伊達みきお

普段、伊達のことを「みー君」なんて呼んでない。呼んだこともない。それどころか、いつこれを書いたのか、なんで書いたのか、よく覚えてない。どっちが貼ったんだっけ、これ。僕がこれみよがしに貼ったのか、伊達が嬉しくて喜んで貼ったのか……。いずれにせよ、ここまで風化してるのに、二人とも剝がそうとしなかったんだな。

ここに書いてあることが、そのままじゃないけど、少しずつ違う形で叶いつつある。食べ物のCMがタイヤのCMになったり、極道映画が、将棋の真剣師のドラマになったりして。

仙台から、伊達をここまで引っ張り出してきたのは僕だ。僕にとって、伊達は、夢を叶えるためにいなくてはならない男で、伊達が喜ぶ顔は、つまり、僕の喜びとイコールだってことだ。

富澤たけし

文庫版あとがきにかえて――
10年越しで『敗者復活』を文庫化するにあたって
この10年のことを思い出したりしてみた

あっという間の10年

伊達　『敗者復活』を出してから10年が経ったね。その間、富澤は読み返したりした？

富澤　僕はあんまりない。

伊達　ちょっと前に、僕は一気にガーッと読み直したんだよね。高校時代の話とか、芸人になる前の話とか、シンプルに懐かしいなぁと思ったな。「こんなこと言ってたんだ」とかね。でもM-1グランプリに出てた時代の話は、そんな懐かしいっていう感じじゃなかった。割と最近だったような印象があるよね。

富澤　うん。あんまり昔の感じがしないな。

伊達　10年経つのが、あっという間だったからなあ。昨日のことみたい、とまでは言わないけど、2007年大会の決勝の舞台は、いまでもはっきり覚えてる。

富澤　あのときは僕たち、33歳か。本の中では「もう若くない」とかさんざん書いてたけど、いま思えば若いね。お互いギラギラしてた。気持ちに余裕がなかったし、M-1の舞台に着いた瞬間も、いまこの扉を開けないとどうにもならない！　っていう、崖っぷち感があった。

伊達　とにかく必死だったね。まあ、いまも必死だけどさ。

富澤　『敗者復活』の表紙写真を、久しぶりに見たけど。うちら、汚ったねぇなあ。

伊達　たしかに（笑）。まだぜんぜん稼いでなかったしね。

富澤　僕は確実に太った。顔に肉が付いちゃったな。

伊達　体形より何より、とにかく貧乏くさいよね。

富澤　若いのはいいけど、面構えが貧乏くさい。

伊達　で、いまの表紙の写真を見ると。

富澤　格段に、セレブになった。

伊達　ははははは!!

富澤　『敗者復活』の頃は、〝ヒョンッて出て来た芸人感〟がすごいよね。仕方ないけどさ。

伊達　ギリギリでやってる感じが漂っている。

富澤　卵かけて飯食ってる貧乏時代が、にじみ出てる感じだね。でも懐かしいね。

伊達　懐かしいのは間違いない。

富澤　あのとき一緒に住んでた板橋区のアパート、覚えてる？　僕はだいぶ前、チラッと前を通りかかったんだけどさ。

伊達　僕は全然、行ってない。

伊達　電気が点いてて、誰か住んでたよ。いきなり訪問してやろうかと思った。
富澤　やめとけよ。突然伊達が現れたら、悲鳴あげられるだろ。
伊達　そんな驚かれないだろ！

売れた後輩に食べさせてもらいたい

伊達　この10年での僕たちの大きな変化は、ふたりとも結婚して、家族ができたことだな。『敗者復活』では、まだ結婚なんて考えられないみたいなこと言ってるけど、M-1チャンピオンになった後、お互いけっこう早く奥さんができた。
富澤　仕事をたくさんやらせてもらって、お金が入ったからね。リアルだけど、そういう事実はある。お笑いだけで家族も食べていけるのは、本当に感謝してるよ。『敗者復活』の頃は、このさき大丈夫かなっていう不安の方が、大きかったし。
伊達　うん、そうだった。
富澤　今も不安は消えてない。でも、いろんな経験を積んで、この世界で10年やってきたんだ、という自信はついた。
伊達　成長なのかはわからないけど、心境的には年月ぶん、変化してる。あのころは「お笑いの仕事がなくなっても、またバイトして、上がっていけばいい」とか思ってたけど、いまは全然、思ってない。もうバイトはしたくないもんなぁ。

富澤　世の中全体の方も、すごい変化しちゃった。いろんなことが、10年前にはまったく想像できなかったよ。

伊達　こんなに予想外のことばっかりとは。まず『日経エンタテインメント』で一番好きな芸人のNo.1に選ばれた！

富澤　目が点になったね。そんなこと、あるんだ!? って。

伊達　びっくりしたよね。想像もしてなかったからね。

富澤　あと、この10年のお笑い界で言えば、うちらを評価してくださった島田紳助さんが引退された。

伊達　本当に驚いたな。一方で、オードリーとかウーマンラッシュアワーとか、予想できないすごいスタイルの漫才師が続々と出てきた。芥川賞受賞で社会現象になった、ピースの又吉直樹くんとかさ。考えられないことがたくさん起きたね。

富澤　バラエティ番組では、『とんねるずのみなさんのおかげでした』が終わっちゃった。

伊達　『笑っていいとも！』もね。面白い番組は、ずーっと残っていくんだと思ってた。でも終わるときは、ああいう形なのかな。

富澤　そして芸人は、僕たちを含めて、第一線の顔ぶれが軒並み40～50歳前後になった。

伊達　おっさんたちが頑張ってる（笑）。

富澤　グレープカンパニーの事務所の芸人も、昔からいる若手は30代後半になってる。お笑い芸人は人数がめちゃくちゃ多いから、急に入れ替わって若返るなんてことはあり得ないし、高齢化はどんどん進んでいく。50代・60代で、いきなり大ブレイクするようなコンビも出てくるだろうね。

伊達　そんななかで後輩たちが頑張ってるのは嬉しいよね。みんな頼もしくなってきた。

富澤　「売れた後輩に食わしてもらう」っていうのは、夢だね。

伊達　ああ、夢だねー！

富澤　20代のカミナリが売れたことで、若手が刺激を受けて、事務所内で競い合ってきているのはすごくいいことだよね。カミナリ以外の芸人も、稼ぎまくってくれるといいなぁ。サンドウィッチマンは仕事しないでお金が欲しい。

伊達　いまの事務所のシステムじゃ、若手の金は、うちらに1円も入らないよ。

富澤　よしわかった。10年かけて、何とかそのシステムを作ろう。

伊達　いやいや、ネタを先に書いてくれよ！

ネタの評価のプレッシャーに打ち克つ

富澤　いろいろ変わったけど、「サンドウィッチマンの柱はネタだ」というのは、絶対に変わらないところだな。

伊達　そうだね。10年前と同じ。これからも変わらない。

富澤　ただ、M-1で優勝して以降、テレビの仕事が増えすぎて、ネタづくりが後手後手になりかけている。単独ライブの前なんかは特に、ネタづくりに集中できる時間が少なくて、ストレスを感じてるなあ。テレビの仕事はとても大事だけど、やっぱりライブ前とかは、ネタに集中したい気持ちはある。

伊達　日経エンタさんを見ていたら「サンドウィッチマンはネタが面白い」っていう声が多かった。いろんな人に「ネタは完璧！」と言われるのは、誇らしいよね。でもそのぶん、単独ライブとかで「昨年の方が面白かったよね」と言われちゃうわけにはいかないから、プレッシャーもハンパない。ネタで評価されているぶん、ネタが「前よりつまらない」と言われる恐怖感は強いね。

ふたりでネタ合わせしていても「この漫才は今後も使える」とか、「単独ライブ以

富澤　外ではできないネタだな」とか、かなり話し合うね。高い評価をいただけているから余計に、ネタの出来は、下回れない。その責任とプレッシャーは、僕はもちろんだけど、富澤の方には山ほどあるだろうね。

伊達　たしかにね。

富澤　ネタが面白い芸人は？　と聞かれてサンドウィッチマンを1番に挙げてもらえるのは、とてもありがたい。だけどネタを最大の武器にしているんだから、そこだけは怠れない責任と覚悟は、持ち続けている。

ネタにかける思いでは、M‐1の頃から変わってない。2007年以降、もしテレビタレントの方に仕事をシフトしていってたら、サンドウィッチマンは「好きな芸人1位」には選ばれてなかったと思う。「僕たちの軸は、ネタ」に変わりなし。日経エンタさんで票を入れてくれたのも、ほとんど「ネタが面白い」が理由だったと思うしね。ただ年々、漫才の題材は減ってきている。許される表現も変わってきているし、その辺りは自分らとの戦いだ。

まあ、どんなつらい戦いでも、僕らはやっていくしかないね。

老いと戦う

伊達　気をつけなくちゃいけないのは、体調だな。
富澤　僕たちも歳を取って、確実に身体が老いてきてる。
伊達　ありがたいことに、どっちも致命的な大病には罹ってないけど、体力的な衰えは実感しているよね。2005年の『エンタの神様』に出だした頃の映像を見ると、キレッキレで漫才しているけどさ、いまあの力でやったら、血管ぶち切れるよ。
富澤　はははは。
伊達　僕は血圧がもう、やばいからね。ちゃんと病院で測ったことなかったからわからないけど、若い頃から高かったと思うな。最近は、上の数値が200以上あるから、降圧剤を飲みながら、生き長らえている状態だ。30歳ぐらいのときのツッコミは、もう無理（笑）。
富澤　高血圧は、しゃれにならないからね。噂には聞いてたけど、40過ぎでこんなにも急に、身体にガタが来るとはね。肩は上がらないし、老眼になるしさ。
伊達　ほぼ同い年のマネージャーは、糖尿と痛風で入院するしね。

富澤　悲しいよなぁ。身体をごまかしながら、頑張っていく歳になっちゃった。
伊達　一緒に仕事した知り合いの方が、まだ若いのに亡くなるっていう話も、ぽつぽつ聞くようになった。びっくりするよね。言葉を失う。僕と同じような体形の人で急死された方もいたし、自戒をこめて、気をつけようって思ったよ。家族もできたんだから、体調への気配りも大事な仕事だよね。
富澤　富澤は尿道系の病気が大変だったな。あれは地獄の痛みだった。
伊達　悪かったのは、金玉だよね。金玉爆裂症。
富澤　そんな病名ねえよ！　尿路結石だ。
伊達　すごかったんだろ？
富澤　まあでも僕のは、まだ小さい方で良かったらしいんだけど。
伊達　金玉が？
富澤　金玉じゃねえ！　石！　うちは奥さんも同じ病気に罹ってしまって、家に2回も救急車を呼んだ。のたうち回る痛みだったな。でも調べたら、僕らのは軽症の方だったんだって。あれ以上の激痛があるかもしれないなんて、考えただけで心底ゾッとするよ。結石は体質的にできやすい人ができるらしいから、これからうまく付き合っていくしかないね。40過ぎたら体力落ちたり、病気にかかるよと言われて、ある程度は想像してたつもりだったけど、ここまで次々に来るとはなぁ。

伊達　本当だよな。

富澤　単行本の『敗者復活』では「50歳で単独ライブやれたらいい」って書いてるけど、できるかな？

伊達　やりたいけどね。去年ぐらいから、単独ライブツアーは、1日2回公演の会場を減らしてもらったよね。たぶんマネージャーが見て、気づいたんだろう。サンドウィッチマンはもう1日2回はできないと（笑）。苦肉の策じゃないけど、同会場ツーデイズの方式に変えていってる。

富澤　1日2回公演だと、明らかに2回目のライブのテンションが低かったりするしね。

伊達　東京会場とか、やっぱりリアルに疲れるよね。1回でフルパワーを出し切る！　というスタイルにしていくほうがいいな。

東日本大震災への思い

伊達　この10年で最大の出来事と言えば、やっぱり東日本大震災だ。

富澤　日本人だけじゃなく、世界中の誰も想像してなかった災害だと思う。
伊達　僕たちは2011年の3月11日、たまたまロケの仕事で気仙沼にいた。津波と火事のすぐ間近で被災したんだ。当事者だったということで、僕らがテレビに出てると、当時の惨状を思い出すっていわれることはよくある。
富澤　スマホ撮影ができるようになったこともあって、今回の震災は映像がたくさん残っちゃったから。
伊達　もう思い出したくないし、映像も見たくないって人は少なくない。それはそれで仕方ないと思う。だけど僕たちは、表に立ってきちんと声を出して、あの大震災を伝えていこうと決めた。「人を笑わせる芸人が、そんなことしていいのか？」っていう迷いは、僕はまったくなかった。迷うとか以前の問題だった。宮城の人間だし、動かないわけにいかないだろ！　っていう方が大きかったな。
あの津波を、この目で見た。友だちも、死んじゃった。そういう体験しているのに、何かしなきゃダメだろう!?　使命感じゃないけど、自然に動きだしたよね。それが全部、『東北魂』の活動につながったんだ。〝お笑い芸人として〟の先のことなんて、考えてなかったかもしれないな。
富澤　僕はちょっとだけ、考えた。『東北魂』で募金活動をしたり、大震災の悲劇を伝えたりする役目をしていくなかで、「ダメかもな」という覚悟はしていた。

伊達　ダメって？

富澤　お笑いとして、これから先のこと、ね。一般の人から、お笑い芸人が何やってんの？という批判は、必ずあると思ってたし。でも結局は、伊達と同じだった。ここで動かなくて、どうするんだという気持ちだった。心のどこかで「お笑い芸人として3年ぐらい、いい思いできたから、この先干されてもいいや」って思ってた。

伊達　支援活動に本気になったら、バラエティ番組から求められなくなるだろうなってことは思ったけどね、躊躇はなかったよね。僕らが、やらないといけない。お笑い芸人で、東北のために動ける人は、僕たちぐらいしかいない。ふたりで話し合って、「伝えよう！」と決めたよね。

富澤　うん。覚えてる。

伊達　東日本大震災では2万人近くの方が亡くなった。いまだに行方のわからない方も大勢いる。そのなかにも、僕たちを応援してくれていた人がいる。僕らと同じときに気仙沼の地区にいて、津波に巻きこまれた人もいる。僕たちはたまたま逃げて助かった。助かった僕らが、頑張って「伝えていく」ことをしないと、逃げられなかった人たちへの裏切りになると思った。

富澤　震災直後の被災地は、本当にひどかった。伝えていかないと、ああいうひどさも忘れられてしまう。

伊達　仮設避難所の体育館は、場所によっては、めちゃくちゃひどかった。トイレは汚物であふれているし、遺体の火葬が間に合わないから、あちこちで土葬もしていた。東京のドン・キホーテで山ほど物資を買って持っていったんだけど、被災者の方に「何しに来たんだ！」と怒鳴られて、追い返されたときもあった。

富澤　怒鳴る人の気持ちは、痛いほどわかった。物資は人数分、平等に持ってきてくれないとダメだと言われたときも、そりゃそうだと思った。ただたくさん物資を届けたらいいっていう話じゃないんだ。

伊達　避難所はピリピリしてたけど、みんな、家も家族も無くしたばかりなんだから当然なんだ。支援に行ったあと、僕らは東京に帰る。電気と水の通った環境と、温かい家がある。一緒に逃げた人たちなのに、どうして僕たちだけ、こんなことが許されるんだろうって、置かれている境遇の違いを受け入れるのが、本当に大変だった。何をどう伝えたらいいのか、もどかしい毎日だったよね。

富澤　とにかく、手探りでやっていくしかなかった。

伊達　震災直後の頃は、自分がお笑い芸人だって気持ちはなかったな。『オールナイトニッポン』の震災特番をやらせてもらったり、僕らにしかできないことを必死にやっていた。そんななか、「震災芸人」って言われたりしたよね。

富澤　売名行為って言われたこともね。

伊達　そんなの言わしておけと思った。僕らは僕らでやると決めたんだ。必死にやり続けたお陰で、芸能界のたくさんの先輩から、『東北魂』に義援金を託してもらえて、それは、いまも続いている。

富澤　2011年の大震災から7年経った。東北以外の地域では風化しかけているかもしれないけど、仕事でいろんな地方に行くと、「東日本大震災の義援活動してるお笑いコンビよね」「最近は被災地の方はどうなの？」って、話しかけてくれる人はまだまだたくさんいる。みんな優しいよね。

サンドウィッチマン＝震災芸人で、いいじゃんって僕は思ったな。僕らを通して、募金やボランティアに行こうという気持ちを思い出してくれたら、それだけでいいやって。

これからも、活動は続けていくよ。ネタづくりと『東北魂』の活動は、好感度No.1をキープすることより、ずっと大事なことだから。

伊達　そうだね。

被災地でお笑いをやるということ

伊達　被災地に何度も足を運んでいたときに、やっぱりミュージシャンの人たちはすごいなぁと思った。被災したばかりで絶望的な気持ちにもなっているだろう人たちの心に歌が届いていくのを、何度も見た。「歌」って、人の気持ちに寄り添うものだよね。頑張りたい人には力をくれるし、泣きたい人は、とことん泣かせてくれる。僕たちお笑い芸人には、できないことだと思ったな。

富澤　芸人で、あの一体感をつくるのは難しいな。

伊達　大きな傷を負った人が大勢いるところで最初に救いになれるのは、音楽なんだな。涙を流す必要のある人がまだたくさんいるときは、お笑い芸人の順番は後なんだ。もちろんそれでいいと思って、僕たちは活動していたんだけど。

富澤　避難所にはいろんな状態の人がいる。それをこの目で見て、ここではお笑いはできないとはっきりわかった。「避難所のなかではお笑いライブはしないでおこう」っていう、僕たちだけのルールができたよね。

伊達　震災から半年くらい経ったとき、南三陸町の避難所で、「なんか面白いことやってよ！　ネタやってよ！」って言われて、そこで震災後初のショートコントをやらせてもらったよね。どこかの広場で、舞台をつくってもらってさ。お客さんがドッと笑ってくれたときは、ジーンときたなぁ。そういえば、そこにＥＸＩＬＥのみなさんも来てたよね。カメラもテレビもついてなくて、純粋に炊き出しにきていた。「僕らの郷里がみんなに助けてもらっている」って、感動したな。

富澤　その後、地元のみんなが少しずつ心の整理をつけられるようになってきたとき、ようやく僕たちの出番がきた。被災地でちゃんとしたチャリティお笑いライブをさせてもらえるようになったのは、大震災の1、2年後だったかな。当然だけど、時間はかかったよね。

M-1グランプリの現在

伊達　M-1グランプリ、僕は毎年見てるよ。お前もだよね？

富澤　うん。録画しても一応、見てる。僕の場合は自分が審査員だったときもあるからね。

伊達　M-1が再開してからも、いろんなコンビが上がってきたね。例えばトレンディエンジェルが、「敗者復活からの優勝」を、やらかしちゃった。

富澤　やらかしちゃったって（笑）。

伊達　僕らが『敗者復活』の唯一の称号だったのに。すごい面白くて、正直クソーッ！　出てきたな！　と思った。

富澤　ははは。

伊達　やっぱり敗者復活での勝ち上がりは、有利なんだろうね。勢いがあるし、みんなの応援の追い風も吹きやすい。僕らのときも、そうだったんだろうと、あとになって思った。

富澤　僕の見た印象では、Ｍ‐1グランプリが2010年に一度終わって、2015年に復活してから、ヒリヒリしてる感じが減ったような気がしてる。もちろん芸人の側はヒリヒリしてるんだけど、決勝ではみんなウケるし、基本スベらない。お客さんも優しい。昔はもっと落差があったというか、いろんな意味で緊張感があった気がする。僕は審査員もしたから、少し見方が違うのかもしれないけど。復活してからのＭ‐1と、その前のＭ‐1とは、何かひとつ違うと思う。どっちが面白いとか、前の方がすごかったという意味ではなくね。僕らが優勝したのは、やっぱり特別だったんだ。

伊達　無名の若手コンビが一発逆転、有名になるんだ！　みたいな物語が以前のＭ‐1グランプリの方が強かったかもしれないね。お笑いのバラエティが全体的に洗練されてきてる印象はあるかもしれないな。

ロンドン公演

伊達　サンドウィッチマンのコンビ結成20周年で、単独ライブ・ロンドン公演をやったよね。自分たちが海外で、ネタの単独ライブができるようになるとは、それこそ『敗者復活』のときは考えもしなかった。

富澤　海外初公演。夢にも思ってなかったね。

伊達　ロンドンは、本当に楽しかった！　すごく治安はいいし、嫌な目に一回も遭わなかった。現地は、人柄のいい人ばったかりだったね。また行きたいなぁ。

富澤　ただ僕たちは英語ができないから、世界とは戦えないっていうのを痛感したね。日本人を笑わせることができても、イギリス人を笑わすのは難しい。シンプルに悔しかった。文化も違うし、ネタを翻訳したからといって、ウケないしね。スポーツ選手やミュージシャンは、超一流のレベルになると世界で戦えるのに、お笑いはほとんど勝負にならない。こと漫才では、だいぶハードルが高い。笑いが伝わらないっていうのは、芸人としては、悔しいよ。

伊達　悔しいことは悔しい。

富澤　日本人はロンドンだけじゃなく、世界中いろんな都市にいるから、その人たちに向けてネタをやることはできる。海外ライブツアーも、できないことはないんだ。ただ赤字だもんなぁ。

伊達　大きな課題だね。もし本気で海外ライブツアーをやるんだったら、海外の人を笑かすようなネタづくりに、本気で取り組まないとね。富澤の言うように、ただ英語に訳しただけじゃダメ。向こうには向こうの文化がある。欧米のお笑いは、スタンダップコメディが主流でしょ。その文化のなかでサンドウィッチマンのいいところを、どう発揮していくのか、戦略を練っていかないといけないよね。

富澤　ここまできたんだから、チャレンジしてみたいね。

僕たちの、これからの夢

伊達　『敗者復活』では、「夢に思ったことが全部、現実に叶っている」と書いた。『笑っていいとも！』に出られたし『徹子の部屋』にも出られた。もしかしたら「パイロットになりたい」と思えば、なれるんじゃないかって。

富澤　（笑）そんなこと言ってたな。

伊達　いまもし、夢があるとしたら、何？

富澤　うーん、何だろう。

伊達　10年でいろんなことがすごく変わったし、僕たち自身もどうなっていくか、わかんないからね。夢に思ったことが、本当になるかもしれない。

富澤　とりあえず「週5休みで、いまの収入キープ」。

伊達　あり得ないだろ！　週5も休んで、そのあいだ何するんだ。

富澤　というか、10年間ずーっと忙しいじゃない。ありがたいことなんだけど、実はM‐1グランプリで優勝してから今日まで、ずっと休みなく走り続けてきている。

伊達　まあね。10年間、まとまった休みは、ほとんどなかった。

富澤　時間がなくて追われまくっていると、これをやりたい、あれをやりたいっていう気持ちが起きてこないんだ。少しの間、何もすることがなくなって、ぼーっとできたら、これからの大きな夢みたいなものが見えてくるかもしれないけどさあ。いまはまだ、忙しさに流れている状態だ。他の人の要求に合わせて、踊ってればいいんだろって状態は抜けたけど、まだ激流のなかにいる感じだな。どこかで少し立ち止まって、自発的に何か出てくるような余裕が、切実に欲しいよね。

伊達　とりあえずいまは、目の前のことで精一杯。ある意味、まだ『敗者復活』の最中なんだよね。僕たち、まだまだ復・活・中！

富澤　いいね、タイトルに使えるんじゃない？（笑）

伊達　評価していただけるのは嬉しいけどさ、本当に、サンドウィッチマンは復活している途中なんだよ。

富澤　世に出て、10年しか経ってないからね。お笑いで食えるようになって10年。43年の人生での、たった10年だよ、少しも安心できる気がしない。

伊達　こないだ指原莉乃ちゃんに、「サンドウィッチマンさんは昔から、ずーっとテレビに出てる人気者だと思ってました！」みたいなこと言われて驚いた。20代の子は、無名からの敗者復活のドラマを知らないもんね。知らないというか、覚えていない。時の流れを感じるなぁ。でも僕たち自身は、基本的にはM‐1グランプリに挑んでいた、あの頃のヒリヒリしていた気持ちのままだ。

富澤　オール阪神・巨人師匠が、最初に上方漫才大賞の新人賞を獲られたのは、たしか1976年。そこから40年以上、ずーっと第一線で漫才を続けられている。偉大すぎるよね。僕たちなんか、まだ10年。慢心しないで、気を引き締めて、これからも長くネタをやっていきたい。

伊達　これまでのスタイルを変えていく必要はないよね。『敗者復活』中の気持ちで、これからも頑張っていこうな。

富澤　10年後に、『続・敗者復活』を書けるといいね。

伊達　それはいいね！　10年後の楽しみだ。

富澤　どっちかが病院のベッドにいて、口述筆記になっているかもしれないけど。

伊達　ありえなくないから、そういうこと言うの、やめろよ！

著者　伊達みきお、富澤たけし（サンドウィッチマン）

構成協力　浅野智哉
本文デザイン　山本知香子
撮影　関根虎洸
写真提供　朝日放送テレビ（P173、P223）
挿絵　富澤たけし
協力　林信亨（グレープカンパニー）
編集　袖山満一子（幻冬舎）

この作品は二〇〇八年九月小社より刊行された『敗者復活』を大幅に加筆・修正し改題したものです。

復活力《ふっかつりょく》

サンドウィッチマン

平成30年8月5日　初版発行
平成30年8月30日　2版発行

発行人——石原正康
編集人——袖山満一子
発行所——株式会社幻冬舎
〒151-0051東京都渋谷区千駄ヶ谷4-9-7
電話　03(5411)6222(営業)
03(5411)6211(編集)
振替00120-8-767643
印刷・製本—株式会社　光邦
装丁者——高橋雅之

幻冬舎文庫

ISBN978-4-344-42763-1　C0195　さ-43-1

幻冬舎ホームページアドレス　http://www.gentosha.co.jp/
この本に関するご意見・ご感想をメールでお寄せいただく場合は、
comment@gentosha.co.jpまで。